Informatik für alle

Irene Rothe

Informatik für alle

Eine Einführung inklusive
Programmierung mit C

Irene Rothe
Mathematik und Informatik
Fachhochschule Bonn-Rhein-Sieg
Düsseldorf, Deutschland

ISBN 978-3-662-71580-2   ISBN 978-3-662-71581-9 (eBook)
https://doi.org/10.1007/978-3-662-71581-9

Die Deutsche Nationalbibliothek verzeichnet diese Publikation in der Deutschen Nationalbibliografie; detaillierte bibliografische Daten sind im Internet über https://portal.dnb.de abrufbar.

© Der/die Herausgeber bzw. der/die Autor(en), exklusiv lizenziert an Springer-Verlag GmbH, DE, ein Teil von Springer Nature 2025

Das Werk einschließlich aller seiner Teile ist urheberrechtlich geschützt. Jede Verwertung, die nicht ausdrücklich vom Urheberrechtsgesetz zugelassen ist, bedarf der vorherigen Zustimmung des Verlags. Das gilt insbesondere für Vervielfältigungen, Bearbeitungen, Übersetzungen, Mikroverfilmungen und die Einspeicherung und Verarbeitung in elektronischen Systemen.
Die Wiedergabe von allgemein beschreibenden Bezeichnungen, Marken, Unternehmensnamen etc. in diesem Werk bedeutet nicht, dass diese frei durch jede Person benutzt werden dürfen. Die Berechtigung zur Benutzung unterliegt, auch ohne gesonderten Hinweis hierzu, den Regeln des Markenrechts. Die Rechte des/der jeweiligen Zeicheninhaber*in sind zu beachten.
Der Verlag, die Autor*innen und die Herausgeber*innen gehen davon aus, dass die Angaben und Informationen in diesem Werk zum Zeitpunkt der Veröffentlichung vollständig und korrekt sind. Weder der Verlag noch die Autor*innen oder die Herausgeber*innen übernehmen, ausdrücklich oder implizit, Gewähr für den Inhalt des Werkes, etwaige Fehler oder Äußerungen. Der Verlag bleibt im Hinblick auf geografische Zuordnungen und Gebietsbezeichnungen in veröffentlichten Karten und Institutionsadressen neutral.

Planung/Lektorat: Leonardo Milla
Springer Vieweg ist ein Imprint der eingetragenen Gesellschaft Springer-Verlag GmbH, DE und ist ein Teil von Springer Nature.
Die Anschrift der Gesellschaft ist: Heidelberger Platz 3, 14197 Berlin, Germany

Wenn Sie dieses Produkt entsorgen, geben Sie das Papier bitte zum Recycling.

Vorwort

Informatik ist eine breit aufgestellte Disziplin, mit einer umfassenden theoretischen Fundierung und mit einer großen Anzahl differenzierter Anwendungsbereiche. Deren gemeinsamer Kern liegt darin, Probleme mit Computern (Rechnern) zu lösen. Während sich Anwender meist darauf beschränken, eine Qualifikation für das Bedienen von Computern zu erwerben, arbeiten sich Informatiker viel tiefer ein und entwickeln und implementieren Problemlösungen.

Wo kann man anfangen, sich mit Informatik zu beschäftigen? Die Problemlösung mit dem Computer erfordert Programmieren, und das bietet einen sinnvollen Einstieg.

Wir gehen davon aus, dass Informatik das Lösen von Problemen mit dem Rechner ist. Das beginnt mit der Frage, ob alle Probleme mit dem Rechner gelöst werden können. Wenn nein, welche Probleme sind mit dem Rechner lösbar und welche nicht? Und warum bzw. warum nicht? Überhaupt, wie werden die lösbaren Probleme eigentlich mit dem Rechner gelöst? Das führt zu algorithmischem Denken, und die einzelnen Kapitel dieses Buches beleuchten unterschiedliche Facetten davon.

Wenn Sie Programmieren allein für die Anwendung erlernen möchten (z. B. wenn Sie eine **Ingenieurstudierende** oder ein **Informatiknebenfächler** sind), bietet Ihnen dieses Buch zunächst alles, was Sie brauchen. Als **Informatikstudierende ohne Vorwissen** finden Sie ein nützliches Einstiegsbuch vor, auf das Sie bei Ihrer weiteren Programmierausbildung dann aufbauen können.

Das Buch erklärt das Programmieren anhand allgemeiner Beispiele, die aus keinem besonderen fachlichen Kontext kommen. Deshalb kann es auch an allgemeinbildenden oder beruflichen Schulen in Einführungskursen benutzt werden.

Den kurzen Ausflug in die Berechenbarkeit (Kap. 2) hat hauptsächlich mein Ehemann Jörg Rothe geschrieben (wobei ich ihn ein wenig unterstützt habe), weil er als Professor an der Heinrich-Heine-Universität Düsseldorf in der theoretischen Informatik forscht, speziell in der Komplexitätstheorie. Sein Fokus liegt dabei auf Problemen aus der *Computational Social Choice* (z. B. zur Manipulierbarkeit von Wahlen), der algorithmischen Spieltheorie und aus dem Gebiet *Fair Division* (wo es um gerechte Aufteilungsverfahren geht, z. B. um sogenannte *Cake-cutting*-Algorithmen). Gerade ist die zweite Auflage seines Buches *Economics and Computation* zu diesen Themen bei Springer erschienen.

Wie man im Team programmieren und gemeinsam große Programmierprojekte bewältigen und erfolgreich meistern kann, beschreibt Cajus Marian Netzer wegen seiner langjährigen Erfahrungen mit der Arbeit in Teams und seines großen Interesses und seiner Expertise rund um die Programmierung.

Über Künstliche Intelligenz schreibt hauptsächlich die Mathematikerin Therese Mieth. Sie begeistert sich seit vielen Jahren für die algorithmischen Ideen hinter KI-Systemen und ist überzeugt, dass ein Grundverständnis der Funktionsweisen wichtig ist, um die Auswirkungen auf unser Leben und unsere Gesellschaft besser einschätzen und damit umgehen zu können.

Die übrigen Kapitel habe ich allein verfasst. Sie beruhen auf meiner inzwischen 20-jährigen Berufserfahrung als Professorin an der Hochschule Bonn-Rhein-Sieg und meiner vorhergehenden Praxiserfahrung beim Programmieren und Projektmanagement in Unternehmen.

Mein großer Dank gilt meinem Korrekturleser Cajus Marian Netzer.

Weiterhin möchte ich Hannah Panzer danken für viele Grafiken in diesem Buch und Kurou Metze für die Coco-Filme

Düsseldorf, Deutschland Irene Rothe
2025

Interessenkonflikt

Der/die Autor*in hat keine für den Inhalt dieses Manuskripts relevanten Interessenkonflikte.

Inhaltsverzeichnis

1	**Was ist Informatik?**	1
	1.1 Zusammenfassung	6
	Literatur	6
2	**Ein kurzer Ausflug in die Berechenbarkeit**	7
	2.1 Die Chomsky-Hierarchie	8
	2.2 Berechenbarkeit und Entscheidbarkeit	10
	2.3 Zusammenfassung	11
	Literatur	12
3	**Was ist Programmierung und Start der Programmierung**	13
	3.1 Programmierer und Programm	13
	3.2 Algorithmisches Denken	14
	3.3 Übungen	15
	3.4 Die Programmiersprache C und der Compiler	17
	3.5 Start der Programmierung	18
	3.6 Zusammenfassung	20
	3.7 Übung	20
	Literatur	22
4	**Elementare Datentypen**	23
	4.1 Wichtigste Elementardaten	23
	4.2 Der Datentyp int für ganze Zahlen	25
	4.3 Der Datentyp double für Kommazahlen	26
	4.4 Der Datentyp char für Zeichen	27
	4.5 Deklaration und Initialisierung	27
	4.6 Kommentare in Programmen	27
	4.7 Zusammenstellung	28
5	**Informationsdarstellung und Algorithmen**	31
	5.1 Zeichendarstellung	32
	5.2 Darstellung ganzer Zahlen	32
	5.3 Gleitkommazahlen	33
	5.4 Aufbau von Computern	34
	5.5 Algorithmen	35

	5.6 Korrektheit von Algorithmen	38
	5.7 Übungen	38
	Literatur	39
6	**Kontrollstrukturen und Flussdiagramme**	**41**
	6.1 Das if/else-Konstrukt	42
	6.2 Das switch-Konstrukt	44
	6.3 Das while-Konstrukt (kopfgesteuert)	45
	6.4 Das for-Konstrukt	46
	6.5 Testen von Bedingungen	47
	6.6 Flussdiagramme	48
	6.7 Zusammenfassung	52
	6.8 Übungen	53
7	**Programmieren allein zu Hause**	**55**
	7.1 Typische Anfängerfehler	56
	7.2 Tipps fürs Programmtesten:	57
	7.3 Absolute Notfall-Programmtesttipps:	57
8	**Funktionen**	**59**
	8.1 Grundlegendes	59
	8.2 Rekursive Funktionen	64
	8.3 Zusammenfassung	67
	8.4 Übungen	67
9	**Felder**	**71**
	9.1 Definition Feld	71
	9.2 Warum sind Felder praktisch?	72
	9.3 Mehrdimensionale Felder	72
	9.4 Übergabe von Feldern in Funktionen	73
	9.5 Zusammenfassung	74
	9.6 Übungen	75
10	**Beispiel zum Mitmachen**	**77**
	10.1 Flussdiagramm	77
	10.2 Wie kommt man vom Flussdiagramm zum Programm?	78
	10.3 Das komplette Spiel	84
	10.4 Testung des Spiels	86
11	**Zeiger**	**87**
	11.1 Motivation für Zeiger	87
	11.2 Definition Zeiger	88
	11.3 Hauptfehler beim Umgang mit Zeigern	90
	11.4 Zeiger und Funktionen	90
	11.5 Definitionen: Call by Value und Call by Reference	91
	11.6 Zurück zur Tauschfunktion	92

11.7	Zeiger und Felder	93
11.8	Zeiger auf Zeiger	94
11.9	Zusammenfassung	96
11.10	Übungen	97

12 Strukturen 101
- 12.1 Motivation Strukturen 101
- 12.2 Definition Strukturen 102
- 12.3 Zugriff auf Strukturen 103
- 12.4 Vorteile von Strukturen 104
- 12.5 Strukturen in Strukturen 105
- 12.6 Felder von Strukturen 106
- 12.7 Strukturen und Funktionen 106
- 12.8 Definition von Bitfeldern mithilfe von Strukturen ... 107
- 12.9 Abschlussbeispiel für Strukturen 108
- 12.10 Zusammenfassung 109
- 12.11 Übungen 110

13 Dynamische Speicheranforderungen 111
- 13.1 Anfordern von dynamischem Speicher 111
- 13.2 Speichergröße ändern 113
- 13.3 Freigeben von Speicher 113
- 13.4 Ein Anwendungsbeispiel: Flexible Eingabe 113
- 13.5 Probleme mit dynamischem Speicher 114
- 13.6 Zusammenfassung 115
- 13.7 Übung 116

14 Aufwand 117
- 14.1 Motivation: Aufwand von Algorithmen 117
- 14.2 Beispiele für Algorithmen und Aufwand 118
- 14.3 Beurteilung von Algorithmen und Definitionen 120
- 14.4 Laufzeiten von Algorithmen 120
- 14.5 Berechnung der Laufzeit 121
- 14.6 Definition Aufwand 122
- 14.7 Bestimmung des Aufwandes 123
- 14.8 Wichtige Komplexitäten („Aufwände") 124
- 14.9 Aufteilung aller Probleme 124
- 14.10 Das große offene Problem der Informatik 126
- 14.11 Zusammenfassung 126
- 14.12 Übung 127

15 Ein Anwendungsbeispiel – die Kryptografie 129
- 15.1 Allgemeiner Verschlüsselungsablauf 129
- 15.2 Kurz ein paar Bemerkungen zur Geschichte der Verschlüsselung 130
- 15.3 Verschlüsselung heute im Computerzeitalter 132
- 15.4 Quantenkryptografie 138

	15.5	Protokolle	140
	15.6	Zusammenfassung	140
		Literatur	142
16	**Softwareengineering**		**143**
	16.1	Woher kommt und was ist Softwareengineering?	143
	16.2	Kernprozesse	144
	16.3	Softwarequalität und Testen	148
	16.4	Projektmanagement/Projektleitung	151
	16.5	Vorgehensmodelle von klassisch bis agil	153
	16.6	Abschlussbemerkung	158
		Literatur	159
17	**Künstliche Intelligenz**		**161**
	17.1	Klassische Algorithmen vs. KI-Algorithmen	161
	17.2	Was ist KI?	167
	17.3	Angst vor KI	168
		Literatur	169

Anhang: Mini-C-Guide ... 171

Stichwortverzeichnis ... 177

Was ist Informatik? 1

Ganz allgemein ist Informatik das Lösen von Problemen mit dem Rechner. Wie das gemeint ist, wird in diesem Kapitel erklärt. Auch gehen wir der Frage nach, welche Probleme mit dem Computer gelöst werden können. Das führt am Schluss auf drei Kategorien von Problemen und nur eine davon kann man sinnvoll mit dem Rechner lösen.

Die Informatikforschung fand leider heraus, dass es Probleme gibt, die nie mit dem Rechner lösbar sind, andere Probleme sind bis heute nur ineffizient lösbar (d. h., es dauert zu lange, die Lösung zu berechnen, so lange, dass man nicht darauf warten will). Aber eine Menge Probleme sind mit dem Rechner lösbar (und zum Glück haben wir ja alle einen Rechner zu Hause).

Sehen wir uns das mal konkret an: Angenommen, ich habe das Problem, dass ich mich perfekt erholen möchte. Kann mir dabei der Rechner eine Antwort geben? Vorerst sage ich mal vorsichtig Nein, und zwar weil die Forschung in der Psychologie noch nicht genau herausgefunden hat, wie man sich perfekt erholt. Aber wenn man da irgendwann einmal so weit ist, denke ich, kann uns der Rechner wunderbar helfen.

Aber auch wenn die perfekte Erholung noch außer Reichweite ist, so ungefähr weiß ich ja, was mir als Erholung guttut; schließlich kenne ich mich seit meiner Geburt. Nehmen wir also an, mir täte eine Reise mit meinen Freundinnen zu den Top-50-Sehenswürdigkeiten unserer Welt gut.

Dafür muss ich meinen Koffer packen, der leider nicht unendlich groß ist, sondern nur ein bestimmtes Fassungsvermögen hat. Aber schon auf der Suche nach der optimalen Packung haben wir ein erstes Problem, für das bis heute kein Algorithmus bekannt ist, der uns dieses Problem optimal in vernünftiger Zeit (also insbesondere vor Beginn meines Fluges zur ersten Sehenswürdigkeit) löst.

Beispiel Kofferpacken

Nehmen wir zur Veranschaulichung einmal an, ich habe eine Liste von Dingen (die unterschiedlich groß sein können), die ich gerne mitnehmen würde. Wie wichtig es mir ist, dass eine Sache es wirklich in meinen Koffer schafft, bewerte ich mit Punkten: Umso höher die Zahl ist, umso wichtiger ist es mir, dass das Teil mitkommt. In der Tab. 1.1 sind links mögliche Dinge zum Mitnehmen aufgelistet und rechts als Zahl dargestellt, wie wichtig mir dieser Gegenstand ist. Ist die Zahl hoch, wie z. B. bei der Kreditkarte, ist es mir besonders wichtig, diese Sache mit auf meine Reise zu nehmen.

Nun ist die Frage, wie viel man in den Koffer bekommt und wie viele Punkte man damit maximal erreichen kann.
In den Koffer passen z. B. (es ist ein sehr kleiner):

- Alle 6 Krimis = 36 oder
- dicker Reiseführer und ein Outfit = 50 oder
- Kulturbeutel und Pass = 72
- …

Am besten sortieren wir all die Dinge nach ihrer Wichtigkeit und benutzen nur die Fläche, auf der die Dinge gerade in meiner Wohnung liegen. ◄

So gut wie jeder Mensch kann ab einem bestimmten Alter Dinge sortieren, ohne es je bewusst gelernt zu haben. Interessanterweise benutzen wir dabei verschiedene Herangehensweisen. In der Informatik haben diese Herangehensweisen Namen, z. B. Bubblesort oder Quicksort, und man weiß auch, mit welcher Sortierung es schneller geht oder langsamer, z. B. geht es mit Quicksort in der Regel schneller als mit Bubblesort.

Solche Anleitungen nennt man in der Informatik Algorithmen. Existiert eine Anleitung bzw. ein Algorithmus für ein Problem, der irgendwann endet bzw. stoppt, so ist das Problem prinzipiell mit dem Rechner lösbar.

Tab. 1.1 Beispiel für die Dingeauswahl beim Kofferpacken

Dinge zum Mitnehmen	Wichtigkeit der Mitnahme (je höher die Zahl, umso wichtiger das Ding)
Krimi 1, 2, 3, 4, 5, 6	je 6
Outfit 1, 2, 3	je 15
Schuhe 1, 2, 3, 4	je 11
Fotoapparat 1, 2	je 25
Gastgeschenke 1, 2	je 23
Kreditkarte	40
Reiseführer	35
Pass	45
Kulturbeutel	27

Braucht man für die Ausführung des Algorithmus sehr viel Zeit (was das bedeutet, wird später erklärt), dann ist es sinnlos, ihn zu benutzen, da die Sonne schon ein kalter Brocken ist, ehe der Algorithmus eine Lösung gefunden hat.

Zum Glück gibt es für das Sortieren sehr viele Algorithmen, die in vernünftiger Zeit eine Lösung liefern!

Aber für die Berechnung einer optimalen Kofferpackung gibt es, wie oben schon erwähnt, bis heute keinen effizienten Algorithmus, der also in vernünftiger Zeit zum Ende kommt. Eine Möglichkeit zu packen wäre, die Dinge mit höchster Priorität zuerst in den Koffer zu legen und dann immer so weiter, bis der Koffer voll ist (dieses generelle Vorgehen wird Greedyalgorithmus genannt). Es ist aber ziemlich sicher, dass es eine bessere Packung gibt, aber man findet sie nur durch Ausprobieren, was unglaublich lange dauern würde, auch bei nur recht wenigen Dingen zum Mitnehmen.

Nun haben wir also gepackt (wenn auch nicht optimal), und als Nächstes geht es darum, die kürzeste Rundreise (ich habe ja nicht unendlich viel Zeit) zwischen den Top-50-Sehenswürdigkeiten der Welt zu finden. Leider hat dafür auch noch niemand einen effizienten Algorithmus gefunden. Im Gegensatz dazu gibt es übrigens für das Problem, eine kürzeste Reisestrecke von A nach B zu finden, tatsächlich einen effizienten Algorithmus, den sogenannten Dijkstra-Algorithmus.

Beispiel Rundreise

Sehen wir uns das Rundreiseproblem für ein kleineres Beispiel anhand folgender vier Sehenswürdigkeiten an: Eiffelturm in Paris, Big Ben in London, Brandenburger Tor in Berlin und die längste Theke der Welt (die Altstadt) in meinem Wohnort Düsseldorf. Hier gibt es drei Möglichkeiten für Rundreisen (alle Möglichkeiten für die Anordnung der vier Städte, also alle Permutationen ohne Wiederholungen), wobei wir nur Rundreisen in einer Richtung zählen, denn die in umgekehrter Richtung hat ja dieselbe Länge:

- Düsseldorf-London-Paris-Berlin-Düsseldorf
- Düsseldorf-Paris-London-Berlin-Düsseldorf
- Düsseldorf-London-Berlin-Paris-Düsseldorf

Die Tab. 1.2 zeigt, wie viele Rundreisen es für einige Anzahlen von Städten zwischen 3 und 100 gibt (alle Permutationen über die n Städte: n! (= 1*2*3*4 ... *n); die erste Stadt ist Anfang und Ende, also eine Stadt weniger geht in die Berechnung ein: (n − 1)!; Länge in die eine Richtung ist gleich Länge in die andere Richtung bei jeder Tour. Das ergibt (n − 1)!/2):

Was bedeutet es nun, wenn ein Algorithmus „unglaublich lange" braucht, also „ineffizient" ist? Nehmen wir einmal an, ein Superrechner kann eine Rundreise in 10 hoch − 15 Sekunden berechnen (solche Rechner gibt es noch gar nicht, aber sicher bald). Dann bleiben bei 50 Städten immer noch 124139155925360730000000000000000000000000 Rundreisen übrig, wenn der Rechner eine Sekunde gerechnet hat. Unser Universum existiert ca. 13*10 hoch 9 Jahre = 13*10 hoch 9*31.536.000 Sekunden, was ungefähr 10

Tab. 1.2 Mögliche Rundreisen für vorgegebene Städteanzahlen

Städteanzahl	Mögliche Rundreisen
3	1
4	3
5	12
10	181440
20	6402373705728000
50	1241391559253607300000000000000000000000000000000000000000000
100	9426890448883242000000000000000000000000000000000000000000000000000000000000000000000000000000000000000000000000000000000000000000000000000

hoch 17 ist. Würde der Rechner vom Urknall bis heute rechnen (wie gesagt ein Superrechner), hätte er immer noch 12413915592536073000000000000000 Rundreisen übrig, also nicht berechnet … und das ist ein ineffizienter Algorithmus! ◄

Nun will ich die Reise mit zehn meiner liebsten Freundinnen machen. Leider verstehen sich nicht alle meine Freundinnen gut miteinander.

Beispiel Dreifarbenproblem

(Ein bekanntes Problem aus der Informatik, speziell Graphentheorie):

Weil sich nicht alle meine Freundinnen gut verstehen, wollen nicht alle gemeinsam in einem Zimmer wohnen. Stellen wir dies als einen Graphen (Gebilde aus Knoten und Strichen) dar, dessen Knoten meine Freundinnen sind, von denen manche miteinander durch eine Kante (einen Strich) verbunden sind, siehe Abb. 1.1.

Immer, wo Striche zwischen zwei Freundinnen sind, gab es in der Vergangenheit Ärger zwischen ihnen, eine Freundin hat z. B. den Mann einer anderen Freundin ausgespannt. Die wollen dann verständlich nicht in einem Zimmer übernachten.

Nun frage ich mich, ob zwei Zimmer ausreichen. Diese Frage ist einfach zu beantworten, weil es dafür einen schnellen Algorithmus gibt. Ich beginne einfach

Abb. 1.1 Freundinnengraph

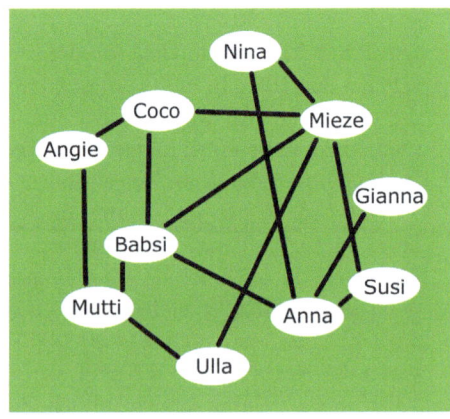

bei irgendeiner Freundin, stecke sie in das eine Zimmer und jede Freundin, die mit der ersten Freundin durch eine Kante (Strich) verbunden ist, in das zweite Zimmer. Das mache ich so lange, bis ich alle Freundinnen auf zwei Zimmer verteilt habe oder bis ich einsehen muss, dass zwei Zimmer nicht ausreichen werden. Im obigen Fall reichen zwei Zimmer nicht aus. Nun meine Frage, ginge es mit drei Zimmern? Dafür gibt es leider keinen effizienten Algorithmus. ◀

> Eine Menge Probleme ist durch einen Rechner in vernünftiger Zeit lösbar, aber für viele Probleme gibt es zwar einen Algorithmus, aber der braucht sehr lange.

Die große Frage ist nun: War bis jetzt nur keiner schlau genug, dafür einen Algorithmus zu finden, oder gibt es gar keinen? Dies gehört zu einem der größten offenen Probleme der Informatik.

Wer das löst, bekommt unendlichen Ruhm und eine Million Dollar vom Clay Mathematics Institute (http://www.claymath.org/millenniumproblems: NP versus P: If it is easy to check that a solution to a problem is correct, is it also easy to solve the problem?).

Durch Programmierung überführt man Algorithmen (also Anleitungen zur Lösung eines Problems) in eine Art, dass der Rechner sie ausführen kann.

Andere Probleme sind:

- Ist eine beliebige gegebene Zahl eine Primzahl?
- Kommen in Pi irgendwann mal 99 Siebenen hintereinander vor?
- Kann ein Compiler sich selbst übersetzen?
- Wie berechne ich ganzzahlige Lösungen x,y,z der Gleichung $x^4 + y^2 - z + 27x - 8z = 0$?
- Wie kann ich auf mein Bankkonto sicher übers Internet zugreifen?
- Wie kann ich auf fremde Bankkonten zugreifen und anderes Geld mir selbst überweisen?
- …

Das Betrachten dieser Probleme berührt sehr viele Gebiete der Informatik. Ob Probleme überhaupt mit dem Rechner lösbar sind, wird in der Berechenbarkeitstheorie betrachtet. Ob Probleme in vernünftiger Zeit oder in unglaublich langer Zeit nur gelöst werden können, wird in der Komplexitätstheorie erforscht. Manchmal sind ineffiziente Probleme aber auch gut, z. B. für die Kryptografie.

Weitere wichtige Fragen tauchen beim Programmieren auf:

- Wird mein selbst geschriebenes Programm irgendwann fertig mit Rechnen und gibt ein Ergebnis aus?
- Stimmt das erhaltene Ergebnis? Kann der Lösung getraut werden? Hat das Programm korrekt gerechnet?

Alles noch mal filmisch: https://www.youtube.com/watch?v=y80yQEQENZ0 und https://www.youtube.com/watch?v=a-sx2FnyUVs

1.1 Zusammenfassung

Zusammengefasst kann man also sagen, es gibt

- nicht mit dem Rechner lösbare Probleme,
- mit dem Rechner lösbare Probleme, die aber eine unglaublich hohe Rechenzeit haben (ineffizient), und
- effizient mit einem Rechner lösbare Probleme.

Literatur

Gallenbacher, J.: Abenteuer der Informatik. Springer Spektrum, Berlin/Heidelberg (2006)
Niemz, M.H.: Lucy im Licht. Droemer HC, München (2007)
Penrose, R.: Computerdenken. Spektrum Verlag, Berlin/Heidelberg (1991)

Ein kurzer Ausflug in die Berechenbarkeit

Gemeinsam mit Jörg Rothe (HHU Düsseldorf) verfasst

Welche Probleme lassen sich eigentlich mit einem Computer (allgemeiner in diesem Kapitel Automat genannt) lösen? Wie aufwendig oder simpel muss ein Automat aufgebaut sein, damit er welche Probleme für uns lösen kann? In einem simplen Getränkeautomaten ist ganz sicher kein Superrechner verbaut. Mit dieser Frage beschäftigt man sich seit über 100 Jahren in der Theorie der Berechenbarkeit, der Automaten und der formalen Sprachen, die z. B. in den Büchern von Hopcroft et al. (2007), Schöning (2005) und Wagner (2003) in allen formalen Details beschrieben wird und auf der die Komplexitätstheorie aufbaut, welche z. B. in den Büchern von Wegner (2003) und Rothe (2008) erläutert wird.

Um ein Problem zu lösen, muss man es erst einmal in einer Sprache formulieren. Wie muss eine Sprache aufgebaut sein, damit man darin Probleme verständlich für einen Automaten beschreiben kann? Sprachen bestehen aus Wörtern, die aus Symbolen eines Alphabets gebildet und durch eine Grammatik erzeugt werden können.

Sprachen, wie Automaten sie verstehen (z. B. Programmiersprachen), sind anders aufgebaut als natürliche Sprachen wie etwa Deutsch oder Japanisch. Es sind künstliche Sprachen, die sich nicht über Jahrtausende natürlich entwickelt haben, sondern die gezielt entworfen wurden. Man nennt sie *formale Sprachen*, und die Regeln einer Grammatik legen fest, welche Wörter zu einer Sprache gehören und welche nicht. (Sätze, also gewisse Kombinationen von Wörtern, wie in einer natürlichen Sprache gibt es in formalen Sprachen nicht.) Für natürliche Sprachen wie etwa Deutsch oder Englisch gibt es keine klaren Regeln, wo die Wörter eigentlich herkommen – sie sind irgendwie „vom Himmel gefallen"; die Grammatik einer natürlichen Sprache beschreibt dann z. B., wann und wie Verben gebeugt oder Substantive dekliniert werden oder welche Kombinationen von Wörtern und Satzzeichen syntaktisch korrekte Sätze bilden. Die Grammatik einer formalen Sprache dagegen erzeugt einfach sämtliche Wörter, die zur Sprache gehören, mit ihren Ableitungsregeln aus ihrem Startsymbol. Formale Sprachen sind also ganz einfach Mengen von Wörtern über einem Alphabet. Es gibt sehr einfache formale Sprachen wie z.

B. die leere Sprache, die kein einziges Wort enthält, oder die Sprache, die sämtliche Wörter enthält, die sich mit Symbolen aus dem gegebenen Alphabet bilden lassen. Wie wir bald sehen werden, gibt es aber auch sehr komplexe Sprachen, sogar Sprachen, die durch keinen Automaten erkannt werden können, egal wie raffiniert dieser auch ist.

Was ist überhaupt ein Automat? Ein Automat verarbeitet eine Eingabe (also eine gegebene Instanz eines zu lösenden Problems, dargestellt als ein Wort aus den Symbolen eines geeigneten Alphabets), indem er sie nach einer Berechnung entweder akzeptiert (also als zu einer Sprache gehörig erkannt) oder ablehnt (als nicht zur Sprache gehörig erkannt). In diesem Sinn verkörpert ein Automat einfach einen Algorithmus. Man sagt, ein Automat *erkennt* oder *akzeptiert* eine Sprache, wenn er alle ihre Wörter akzeptiert und alle anderen Wörter ablehnt. Ein ganz einfacher Automat in unserem Alltag ist z. B. ein Getränkeautomat: Bekommt dieser die Eingabe „Cola", dann wirft er eine Coladose aus, sofern er noch eine im Angebot hat; hat er jedoch keine Cola mehr im Angebot, dann meldet er, dass er den Wunsch nicht erfüllen kann. So ähnlich kann man sich die abstrakten Automaten aus der Automatentheorie vorstellen. Ein Automat für die leere Sprache würde demnach einfach jedes Eingabewort ablehnen. Ein Automat für die Sprache, die sämtliche Wörter enthält, würde dagegen jedes Eingabewort akzeptieren. Automaten für andere Sprachen akzeptieren ihre Eingaben oder lehnen sie ab, je nachdem, ob sie zur Sprache gehören oder nicht.

In der theoretischen Informatik geht es unter anderem um den Zusammenhang zwischen Grammatiken und Automaten: Welche von einer Grammatik erzeugten Sprachen können von welchen Automaten akzeptiert werden? Formale Sprachen können in dieser Weise auch Probleme codieren, die wir lösen wollen.

Beispiel Entscheidungsproblem

Ein spezieller Typ von Problemen sind *Entscheidungsprobleme*, bei denen man an einer Ja/Nein-Antwort interessiert ist. So werden beim Problem der Rundreise aus Kap. 1 in geeigneter Beschreibung eine Anzahl von Städten sowie alle Abstände zwischen den Städten in einer Distanzmatrix und eine Zahl k gegeben, und es wird gefragt, ob es eine Rundreise gibt, bei der jede Stadt besucht und zum Ausgangsort zurückgekehrt werden kann, ohne dass dabei die obere Schranke k überschritten wird. Als Sprache **Rundreise** über einem geeigneten Alphabet codiert, stellen die Ja-Instanzen des Problems genau die Wörter in der Menge Rundreise dar, während alle Nein-Instanzen (für die es keine Rundreise gibt, deren Länge höchstens k ist) Wörter sind, die nicht zur Sprache **Rundreise** gehören. ◄

2.1 Die Chomsky-Hierarchie

Der berühmte Linguist Noam Chomsky forschte über Sprachen und machte sich Gedanken, wie eine Universalsprache aufgebaut sein könnte, die durch fest definierte Regeln erzeugt werden kann. Dabei ordnete er formale Sprachen (also künst-

2.1 Die Chomsky-Hierarchie

liche bzw. konstruierte Sprachen) in vier Klassen ein, die sich bzgl. Einschränkungen der erzeugenden Grammatiken unterscheiden. Diese vier Sprachklassen sind heute unter dem Namen *Chomsky-Hierarchie* (oder auch *Chomsky-Schützenberger-Hierarchie*) bekannt.

Ungefähr gleichzeitig dachten Ingenieure darüber nach, wie man mit Automaten „sprechen" könnte, wie also eine formale Sprache aufgebaut sein müsste, damit man mit ihr Probleme für einen Automaten verständlich formulieren kann. Chomskys Hierarchie gab ihnen genau die Ansätze, nach denen sie suchten.

Die kleinste Klasse der Chomsky-Hierarchie ist die **Klasse REG der *regulären Sprachen***. Sie werden von *endlichen Automaten* erkannt, welche die einfachsten Automaten in der Automatentheorie sind, so ähnlich wie z. B. ein Getränkeautomat einer der einfachsten Automaten im Alltag ist. In der Programmierung spielen endliche Automaten eine Rolle bei der lexikalischen Analyse als ein Zwischenschritt beim Übersetzen eines Programmes in Maschinensprache.

Die nächstgrößere Klasse der Chomsky-Hierarchie ist die **Klasse CF der *kontextfreien Sprachen***. Dazu gehören die üblichen Programmiersprachen, wie C oder Java, zumindest in einem gewissen Sinn (sozusagen die wesentlichen Grundgerüste dieser Sprachen). Jedes Programm ist in diesem Sinn ein Wort, das durch eine geeignete kontextfreie Grammatik erzeugt werden kann. Außerdem gibt es effiziente Algorithmen, die bei der syntaktischen Analyse von Programmtexten im Compilerbau verwendet werden, um die syntaktische Korrektheit von Programmen zu überprüfen und eventuell noch vorhandene syntaktische Fehler (sozusagen „Rechtschreibfehler" im Programm) zu finden. Kontextfreie Sprachen werden durch kontextfreie Grammatiken erzeugt. Automaten, die kontextfreie Sprachen akzeptieren, nennt man *(nichtdeterministische) Kellerautomaten*. Diese kann man sich als nichtdeterministische endliche Automaten vorstellen, die jedoch um einen Speicher erweitert wurden. Der „Keller" eines Kellerautomaten ist sein Speicher: So wie man im Keller z. B. Kartoffeln lagert, speichert diese Datenstruktur Daten nach dem *Last-in-First-out*-Prinzip. Das sind also Automaten, die sich etwas merken können, was z. B. ein endlicher Automat, der nur reguläre Sprachen erkennt, nicht kann.

Die letzten beiden Klassen der Chomsky-Hierarchie sind die **Klasse CS der *kontextsensitiven Sprachen*** und die **Klasse RE der *rekursiv aufzählbaren Sprachen*** (wobei RE für den englischen Ausdruck *recursively enumerable* steht). Die größte Klasse, RE, enthält alle Sprachen, die durch beliebige Grammatiken (ohne jede Einschränkung) erzeugt werden können. Kontextsensitive Sprachen können dagegen durch Grammatiken erzeugt werden, welche nur *nichtverkürzende* Regeln besitzen. Beide Sprachklassen können durch das Automatenmodell der *Turingmaschine* beschrieben werden, wobei dieses im Falle von CS geeignet eingeschränkt wird (zu sogenannten *linear beschränkten Automaten*) und im Falle von RE nicht. Benannt nach dem britischen Mathematiker Alan Turing, der sie 1936 als einen abstrakten Computer erfand, ist die Turingmaschine bis heute *das zentrale, grundlegende Berechnungsmodell der theoretischen Informatik*.

Die vier Sprachklassen der Chomsky-Hierarchie sind echt ineinander enthalten: In der jeweils größeren Klasse gibt es Sprachen, die nicht zu der kleineren Klasse gehören.

2.2 Berechenbarkeit und Entscheidbarkeit

Welche Probleme (wie gesagt, als Sprachen codiert) liegen nun in welcher Klasse der Chomsky-Hierarchie? Sind alle Probleme in RE? Oder gibt es Probleme, die in keiner Sprache der Klasse RE formulierbar sind? Das würde dann heißen, dass keiner der oben vorgestellten Automaten – nicht einmal die mächtige Turingmaschine – sie akzeptieren und dass keine Grammatik sie erzeugen kann.

Dies führt uns zu *Berechenbarkeit* und *Entscheidbarkeit* – Begriffe, die in der theoretischen Informatik eine zentrale Rolle spielen. Jeder hat natürlich – z. B. aus dem Mathematikunterricht in der Schule – eine intuitive Vorstellung von „Berechenbarkeit". Aber stimmen alle diese persönlichen Vorstellungen wirklich überein? Und kann man diesen etwas schwammigen intuitiven Begriff formal und präzise in einer mathematischen Definition erfassen?

Zur Frage, ob die vielen individuellen Vorstellungen davon, was Berechenbarkeit eigentlich ist, übereinstimmen, sagt die berühmte *These von Church* (auch *Church-Turing-These* genannt): *Die Klasse der durch eine Turingmaschine berechenbaren Funktionen stimmt mit der Klasse der im intuitiven Sinn berechenbaren Funktionen überein.* Das heißt also: Probleme, die wir gefühlt für berechenbar (algorithmisch lösbar) halten, sind genau die Probleme, die ein Computer (im abstrakten Modell der Turingmaschine) tatsächlich für uns berechnen kann. Dies ist nur eine These, kein Theorem, denn natürlich kann man sie nicht beweisen: Sie macht eine Aussage über die *im intuitiven Sinn* berechenbaren Funktionen, und jeder Versuch, diese formal zu fassen (wie es ein mathematischer Beweis erforderte), würde dazu führen, dass man es dann ja wieder nur mit einem weiteren formalen Berechnungsmodell zu tun hätte, nicht mit der *intuitiven* Berechenbarkeit.

Unter „Entscheidbarkeit" versteht man die Einschränkung des Begriffs der Berechenbarkeit auf Entscheidungsprobleme. Zur Erinnerung: Das sind Sprachen von Wörtern über einem Alphabet, die genau die Ja-Instanzen eines solchen Entscheidungsproblems enthalten, während alle Wörter außerhalb der Sprache seine Nein-Instanzen darstellen. Wie ordnet sich die **Klasse REC der *entscheidbaren Sprachen*** in die Chomsky-Hierarchie ein? Man kann zeigen, dass jede kontextsensitive Sprache entscheidbar ist; andererseits gibt es entscheidbare Sprachen, die nicht kontextsensitiv sind. Weiter ist jede entscheidbare Sprache rekursiv aufzählbar; jedoch gibt es rekursiv aufzählbare Sprachen (wie z. B. das unten erläuterte **Halteproblem**), die nicht entscheidbar sind.

Damit haben wir direkt eine positive Antwort auf die Frage: Gibt es auch *unentscheidbare* Probleme? Aber wie könnte man die Unentscheidbarkeit von Problemen formal beweisen? Wenn man nur zeigen möchte, dass ein Problem entscheidbar ist, genügt es ja, einen Algorithmus (also eine Turingmaschine) anzugeben, der es löst. Soll jedoch die *Unentscheidbarkeit* eines Problems gezeigt werden, so müsste man argumentieren, dass *sämtliche* Algorithmen (also Turingmaschinen) ungeeignet sind, das Problem zu lösen. Dafür sind andere Beweistechniken erforderlich.

Beispiel Halteproblem

Ein klassisches Beispiel eines unentscheidbaren Problems ist das berühmte **Halteproblem**. Um es zu definieren, nummeriert man zunächst alle Algorithmen so, dass man zu einer gegebenen Nummer den Programmtext des zugehörigen Algorithmus algorithmisch bestimmen kann und umgekehrt aus einem beliebigen gegebenen Programmtext die Nummer des entsprechenden Algorithmus. Das **Halteproblem** wird dann als die Menge aller Nummern i definiert, für die der i-te Algorithmus bei Eingabe i anhält. Daraus lässt sich leicht die Unentscheidbarkeit des **Halteproblems** folgern: Jeder Algorithmus zur Lösung des **Halteproblems** scheitert daran, dass er sich in einen Widerspruch verstrickt, wenn man ihm die eigene Nummer als Eingabe füttert.

Man kann das **Halteproblem** auch wie folgt formulieren: Gibt es ein Programm, das entscheiden kann, ob ein *beliebiges* Programm (z. B. Praktikumsabgaben von Studierenden) jemals mit einem Ergebnis anhält? Daher der Name „Halteproblem". ◄

2.3 Zusammenfassung

Es gibt Probleme, die von keinem Algorithmus gelöst werden können. Das ist natürlich einerseits deprimierend. Doch andererseits kann man daraus auch Zuversicht und Selbstvertrauen schöpfen: Wir Menschen können uns also mit unserer Intuition, unserer Intelligenz und mit mathematischer Raffinesse auf eine höhere Stufe der Abstraktion erheben, und von diesem erhöhten Standpunkt aus können wir dann Einsichten über die Schranken der Maschinenintelligenz gewinnen.

Fragen

1) Welcher der folgenden Automaten kann jedes entscheidbare Problem lösen?
   A) Getränkeautomat
   B) Waschmaschine
   C) Turingmaschine
2) Welche der folgenden Aussagen ist falsch?
   A) Das Halteproblem ist nicht entscheidbar.
   B) Alle entscheidbaren Probleme sind mit einem Computer lösbar.
   C) Jedes Problem kann mit einem Computer gelöst werden.
3) Unsere heutigen Computer sind aufgebaut wie ein(e):
   A) Turingmaschine
   B) Kaffeemaschine
   C) Endlicher Automat
4) Folgende Begriffe sind austauschbar:
   A) Problem/Computer/Algorithmus
   B) Turingmaschine/Computer/Algorithmus
   C) Turingmaschine/Computer/Programmiersprache

Richtige Antworten: 1: C, 2: C, 3: A, 4: B

Literatur

Hopcroft, J.E., Motwani, R., Ullman, J.D.: Introduction to Automata Theory, Languages, and Computation, 3. Aufl. Pearson International Edition, Addison-Wesley, Boston (2007)

Rothe, J.: Komplexitätstheorie und Kryptologie. Eine Einführung in Kryptokomplexität. Springer, Berlin (2008)

Schöning, U.: Ideen der Informatik: Grundlegende Modelle und Konzepte, 2. Aufl. Oldenbourg, München (2005)

Wagner, K.W.: Theoretische Informatik – eine kompakte Einführung, 2. Aufl. Springer, Berlin (2003)

Wegner, U.: Komplexitätstheorie. Springer, Berlin (2003)

Was ist Programmierung und Start der Programmierung 3

3.1 Programmierer und Programm

Programmierung ist das Schreiben eines Programms, d. h., sie umfasst die Tätigkeit des Programmierers und das Produkt dieser Tätigkeit, das Programm. Beides muss beim Programmierenlernen betrachtet werden, und das wird in diesem und dem folgenden Kapitel schrittweise entwickelt.

Linus Torvalds (der als Programmierer das Betriebssystem Linux erschuf) sagte: „Ich weiß nicht, wie ich es erklären soll, was mich am Programmieren so fasziniert, aber ich werde es versuchen. Für jemanden, der programmiert, ist es das Interessanteste auf der Welt. Es ist ein Spiel, bei dem du deine eigenen Regeln aufstellen kannst, und bei dem am Ende das herauskommt, was du daraus machst. Der Reiz besteht dann, dass der Computer das tut, was du ihm sagst. Unbeirrbar. Für immer. Ohne ein Wort der Klage. Du kannst den Computer dazu bringen, dass er tut, was du willst, aber du musst herausfinden, wie. Programmieren ist eine Übung der Kreativität" (Thorvalds und Diamond 2002).

Alan Turing (einer der Väter der Informatik und bekannt für die Erfindung der nach ihm benannten Turingmaschine, einem abstrakten Modell eines Computers) sagte: „If thoughts (that is, information) can be broken up into simple constructs and algorithmic steps, then machines can add, subtract or rearrange them as our brains do" (Yaşar 2018).

Erlernt man das Nähen mit Garn, Nadel und Schere, muss man viel üben, probieren und Geduld aufbringen, ehe man mit den eigenen Ergebnissen zufrieden ist und sie dem kritischen Blick eines erfahrenen Schneiders standhalten. Bei der Programmierung ist das nicht anders. Es ist ein Handwerk zu erlernen.

Als guter Programmierer schreibt man Code, der

- niemanden umbringt,
- niemanden verletzt und
- niemanden in den Wahnsinn treibt.

Die grundlegendste Antwort auf die Frage: „Was ist Programmieren?" lautet schlicht: Programmieren ist das Erstellen (man sagt auch „Schreiben") eines Programms. Was ist dabei ein Programm? Ein Programm ist etwas Virtuelles, das nützliche Dinge für uns erledigen kann. Programme stecken heute in fast allen modernen Geräten, die digital bedient und differenziert gesteuert werden können, wie z. B. in Kaffeeautomaten oder Waschmaschinen, bei denen man verschiedene Auswahlen einfach antippen kann. Auf Handys sind viele Programme installiert, wie Spiele oder WhatsApp. Auf jedem Rechner sind sehr viele Programme, z. B. besteht ein Betriebssystem aus richtig vielen Programmen, die es uns ermöglichen, den Rechner zu bedienen, wie Eingaben machen über die Tastatur und Ausgaben erhalten über den Bildschirm. Eine weitere Kategorie sind die „Anwenderprogramme", mit denen wir schreiben, rechnen, Daten verwalten, zeichnen können und vieles mehr.

Was muss man tun und welche Charakterzüge sollte man haben bzw. trainieren, um ein Programm schreiben zu können?

- eine Sprache erlernen
- Probleme verstehen
- Hartnäckigkeit und Geduld
- algorithmisches Denken

3.2 Algorithmisches Denken

Algorithmisches Denken lernt man wie folgt. Zunächst sollte man wissen, dass es drei wesentliche Bestandteile sind, aus denen ein Algorithmus aufgebaut ist (sowie aus noch einigen weiteren, nicht ganz so wesentlichen Dingen), die folgende Zwecke erfüllen:

- etwas zu machen,
- etwas wieder und wieder zu machen und
- etwas zu machen, falls eine Bedingung erfüllt ist.

Um algorithmisch zu denken, muss man nun:

- in einzelnen Schritten (unbedingt in endlich vielen Schritten!) denken und
- die einzelnen Schritte präzise und eindeutig erklären (sodass keine andere Auslegung möglich ist und es kein Missverständnis geben kann).

Am besten denkt man nur noch wie folgt:

- Tue etwas, solange eine Bedingung erfüllt ist.
- Wenn eine Bedingung erfüllt ist, dann tue etwas, ansonsten tue etwas anderes.

Dafür gibt es Strukturen, nämlich Sprach- und Datenstrukturen.

> **Beispiel „Von der Idee zum Code"**
>
> 1. Gegeben: Jemand sagt Ihnen 10 Zahlen nacheinander. Sie haben kein Papier und keinen Stift, um mitzuschreiben.
> 2. Gesucht: Was war die größte Zahl, die Sie gehört haben?
> 3. Wir haben ein Problem!
> 4. Wie geht man ran?
> 5. Verstehen des Problems.
> 6. Entwurf einer Lösung, also Suche nach einer Anleitung bzw. einem Algorithmus (später grafisch unterlegt als Flussdiagramm).
> 7. Programmierung: Aufschreiben des Algorithmus in einer anderen (für Algorithmen geeigneteren) Sprache (Programmiersprache).
> 8. Übersetzen des Programms in noch einmal eine andere Sprache (Maschinensprache, damit der Rechner unser Programm auch versteht), fast immer verbunden mit einer syntaktischen Fehlersuche (also eine Art Rechtschreibfehlersuche).
> 9. Testen des Programms, ob es das tut, was wir wollten, ob es also auch semantisch korrekt ist. ◄

Ich bin mir sehr sicher, dass Sie fähig sind, aus den 10 gehörten Zahlen die größte zu ermitteln, ohne alle Zahlen aufzuschreiben. Wie haben Sie das gemacht?

3.3 Übungen

3.3.1 Übung 1

Schreiben Sie die einzelnen Schritte auf. Versuchen Sie, dabei präzise und eindeutig zu sein und nach Möglichkeit Beschreibungen wie „solange bis", „wenn/ansonsten" zu verwenden.

Diese Anleitung – also diesen Algorithmus – so aufzuschreiben, ist Ihre kreative Leistung. Hat man das geschafft, ist es ein Leichtes, sie in eine Programmiersprache umzuschreiben.

> **Definition des Begriffs Algorithmus**
> Ein Algorithmus ist eine endliche Folge von Regeln, die zur Lösung eines Problems abgearbeitet werden müssen. Die Regeln müssen präzise formuliert und effektiv (tatsächlich ausführbar) sein. Der Prozess der Anwendung der Regeln auf eine gegebene Eingabe stoppt nach einer endlichen Anzahl von Schritten, wenn das Problem eine Lösung besitzt

Zu jedem Zeitpunkt der Abarbeitung des Algorithmus benötigt der Algorithmus nur endlich viel Speicherplatz.

Beispiele für Algorithmen

- Ein Kochrezept, wenn es so geschrieben ist, dass das Essen so schmeckt wie im Buch angegeben.
- Jede Bedienungsanleitung, wonach man das Gerät benutzen kann, wofür es gedacht ist. („Jetzt, wo ich weiß, wie es geht, verstehe ich auch die Anleitung.")
- Sieb des Eratosthenes, mit dem man Primzahlen bestimmen kann (einer der ersten bekannten Algorithmen).
- Sortieren einer unsortierten Liste von Namen.
- Suche nach einem bestimmten Buch in einer Liste von alphabetisch sortierten Büchern.
- Suche nach einem kürzesten Weg zwischen zwei Städten (in einem Graphen, der ein Straßennetz abbildet). ◄

3.3.2 Übung 2

Sind das Algorithmen?

- Problem Wegbeschreibung: Fahre von deiner Wohnung bis zur nächsten Kreuzung. Biege rechts ab. Fahre bis zum nächsten Kreisverkehr. Bleibe im Kreisverkehr, bis dir ein Engel erscheint.
- Problem Geld: Spare, bis du 100 € hast. Kaufe Aktien, die gerade sehr billig sind. Verkaufe die Aktien, wenn sie am teuersten sind.
- Problem Multiplikation: Multiplikation zweier ganzer Zahlen, wie Sie es in der Schule gelernt haben.

Noch mal: Wie finden wir einen Algorithmus? Und welche Eigenschaften sollte er haben?

1. Suche nach der HOLZHAMMERLÖSUNG (Lösung, die einem spontan als Erstes einfällt – oft die einfachste, aber aufwendig zu berechnende Lösung)
2. Algorithmus in irgendeiner Sprache implementieren
3. Suche nach einem besseren, also effizienteren (z. B. schnelleren) Algorithmus (hierbei kann der Holzhammeralgorithmus gut zum Testen dienen)
4. Test, ob Algorithmus gut mit tatsächlichen, zufälligen und extremen Daten arbeitet

Eine Programmiersprache

- übernimmt die Rolle eines Vermittlers zwischen Mensch und Maschine,
- bietet Möglichkeiten zur Eingabe und Ausgabe von Daten.

Ein Hauptproblem dabei ist die Beschränktheit des Speichers eines Rechners.

Programmieren ist eine sehr aufwendige Sache. Besonders viel Zeit geht dabei in den Test der Programme. Durchschnittlich heißt es, es kann auch weniger sein, dass ein Programmierer durchschnittlich nicht mehr als 20 Zeilen am Tag schreibt.

3.4 Die Programmiersprache C und der Compiler

Als Beispiel für eine Programmiersprache wird C (im C89 Standard) benutzt. Folgende Fakten über C sind interessant:

- In C wurden Teile der Programme auf einem Android-Handy programmiert.
- „C is designed for experienced programmers with the power to do whatever needs to be done."
- „This includes the power to hang yourself by invalid pointer references and array-out-of-bound violation" (Skiena und Revilla 2006).

Am Ende des Buches wird man die letzten beiden Punkte sehr gut verstehen und eventuell schmerzhafte Erfahrungen damit gemacht haben.

Das folgende Video zeigt, wie man sich ein Übersetzungsprogramm (Englisch benannt: Compiler) von C in Maschinensprache besorgen kann und wie ein erstes Programm in dieser Sprache geschrieben wird (siehe Abb. 3.1: https://www.youtube.com/watch?v=-7Xxokla4UU).

In allen folgenden Kapiteln gehe ich davon aus, dass Sie nun einen Compiler (Übersetzungsprogramm von C in Maschinensprache) installiert haben und alle Beispielprogramme darin ausprobieren können.

Abb. 3.1 Video zu Coco startet mit der C-Programmierung

3.5 Start der Programmierung

Sie haben sich einen C-Compiler (Editor mit eingebautem Übersetzer = Compiler, so wie beim Nähen Garn und Nadel) besorgt und sind bereit, loszuprogrammieren. Programmieren bedeutet, dass man eine Sprache erlernt, mit Syntax (Wörtern, Punkt, Komma …) und Semantik (Bedeutung). Der kleine Unterschied ist dabei, dass man diese Sprache in der Regel nicht mit einem Menschen spricht. Wie jede Datei besteht auch ein C-Programm aus einem Anfang und einem Ende.

In C sieht der Anfang wie folgt aus:

```
#include<stdio.h>;
int main(){
```

Und das Ende wie folgt:

```
 return 0;
}
```

Dazwischen steht dann der Algorithmus, also eine Anleitung für die Lösung des Problems. Der Algorithmus steht immer zwischen solchen geschweiften Klammern und schließt stets mit dem Befehl return 0; ab. Das Semikolon darf nicht fehlen, es ist ein unabdingbares Schlusszeichen einer Zeile.

Um dieses erste Programm einmal auszuprobieren, schreibt man einen Ausgabebefehl dazwischen, was so ziemlich das Einfachste ist, was so ein Programm für uns tun kann, was man auch sehen kann. Deshalb schreibt man zwischen Anfang und Ende die folgende Zeile:

```
printf("Hallo Welt!");
```

Dieser Befehl ist dafür da, dass "Hallo Welt" auf dem Bildschirm erscheint. Unser erstes Programm redet nun mit uns.

Wozu ist dieses Programm gut?

Dieses Programm ist gut, um zu wissen,

- dass ein Compiler auf unserem Rechner installiert ist,
- dass der Compiler arbeitet,
- dass wir mindestens ein Programm schon mal zum Laufen gebracht haben.

Das Programm tut nichts Tolles, ist aber als Test gut geeignet. Möchte man eine ganze Zahl in seinem Programm benutzen, die im Rechner abgespeichert werden

3.5 Start der Programmierung

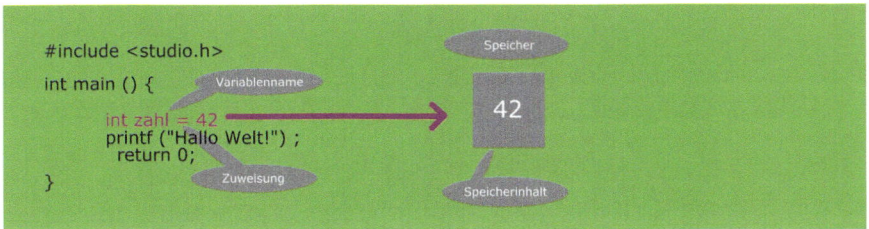

Abb. 3.2 Verwendung einer ganzen Zahl

soll (damit man sie z. B. später wieder benutzen kann, ähnlich wie das Speichern von Informationen in einer Gehirnzelle für die spätere Wiederverwendung), so geht das wie abgebildet in Abb. 3.2.

Dabei ist **int** die Abkürzung für „integer", was das englische Wort für ganze Zahl ist. Eine Zuweisung ist das Schreiben von Werten in den Speicher des Rechners. Das Gleichheitszeichen ist dabei kein mathematisches Gleichheitszeichen, sondern bedeutet das Schreiben eines Wertes in den Speicher. Der Ablauf einer Zuweisung ist wie folgt:

- Erst wird alles erledigt rechts vom =, und zwar von links nach rechts (falls da noch mehr steht, wie das später der Fall sein wird).
- Danach wird der (eventuell berechnete) Wert auf den Speicherplatz, der links vom = benannt wird, gespeichert.

Möchte man eine ganze Zahl ausgeben, gibt es dafür eine Funktion (im Kap. 9 wird genau erklärt, was Funktionen bei der Programmierung sind, Tipp: Man kann sie sich so vorstellen, wie man sie im Mathematikunterricht gelernt hat). Diese wird aus der Bibliothek (Ansammlung von vorgefertigten Funktionalitäten, die im Compiler mitgeliefert werden) mit Namen stdio geholt. Sie ist in der ersten Zeile ins Programm eingebunden worden, siehe Abb. 3.3.

▶ Der Formatierer muss zum Datentyp passen, der ausgegeben werden soll. In Zukunft taucht eventuell die Zahl 42 noch öfter auf. Das liegt daran, dass sie zu einer wichtigen Zahl geworden ist, seit sie in einem berühmten Roman und Film von einem Supercomputer als **die** Antwort auf olgende Frage: „What is the answer to everything?" verwendet wurde. Seitdem ist die Antwort zum geflügelten Wort geworden und 42 wird in Programmiererkreisen gerne für eine beliebige Zahl verwendet. Wer sich dafür weitergehend interessiert, kann das näher im Internet recherchieren und Adams Buch (Adams 1981) ist als Standardwerk für angehende Programmierer empfohlen.

Wie man eine ganze Zahl nach Start des Programmes eingeben kann, zeigt das Programm in Abb. 3.4.

Eine Speicheradresse kann man sich wie eine Postfachnummer oder eine Gepäckfachnummer oder Gehirnzellenkoordination vorstellen, wo man Dinge lagern

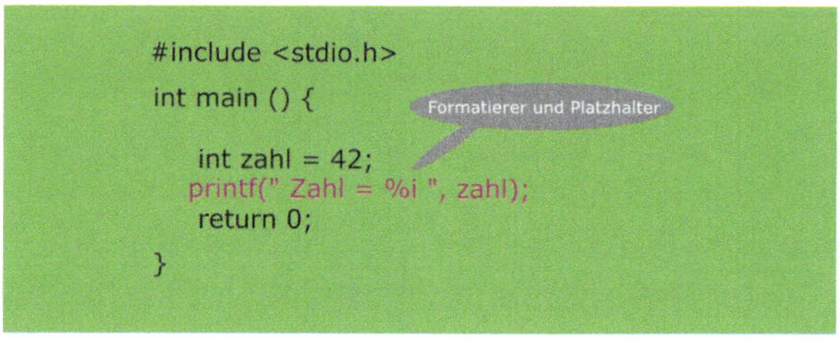

```
#include <stdio.h>
int main () {
                        Formatierer und Platzhalter
    int zahl = 42;
    printf(" Zahl = %i ", zahl);
    return 0;
}
```

Abb. 3.3 Ausgabe einer ganzen Zahl

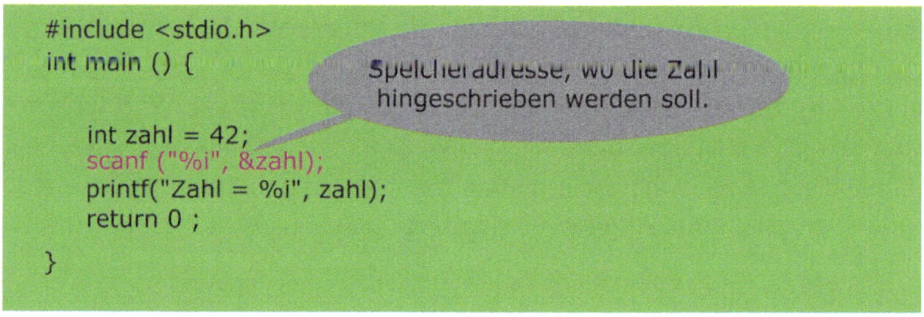

```
#include <stdio.h>
int main () {
                        Speicheradresse, wo die Zahl
                        hingeschrieben werden soll.
    int zahl = 42;
    scanf ("%i", &zahl);
    printf("Zahl = %i", zahl);
    return 0 ;
}
```

Abb. 3.4 Eingabe einer ganzen Zahl

oder sich merken möchte. Wenn man obiges Programm übersetzt und ausführt, kann man eine Zahl eingeben, die dann auf dem Bildschirm ausgegeben wird.

Im nächsten Kapitel wird die Benutzung von ganzen Zahlen und ihr Verhalten beim Programmieren genau erklärt.

3.6 Zusammenfassung

Folgende neue Begriffe muss man sich merken, weil sie jeder Programmierer ständig benutzt:

- Hauptprogramm: **int main (){return 0;}**
  Achtung: main darf es nur genau einmal pro Programm geben!
- Anweisung: alles, wonach ein Semikolon steht
- Schlüsselwörter: **int, return, include**

3.7 Übung

Schreiben Sie ein C-Programm mit Eingabe eines Alters (z. B. 20, 70 oder 170) und als Ausgabe die gelebten Tage/Stunden/Minuten/Sekunden bzgl. dieses Alters. Schaltjahre und genaue Tage- und Stundenangaben sind egal. Denken Sie an die Holzhammermethode!

Fragen
1. Wie viele Zeilen schreibt ein guter Programmierer am Tag?
   A) 80
   B) 18
   C) 1000
2. Was ist keine Programmiersprache?
   A) Perl
   B) HTML
   C) Java
   D) Java++
3. Was ist Informatik?
   A) Wissenschaft über das Lösen von Problemen mit dem Rechner
   B) Wissenschaft über den Aufbau von Computern
   C) Wissenschaft über Informationsverarbeitung
4. Welche Eigenschaften braucht ein Programmierer?
   A) muss Englisch können / muss Problem verstehen / muss algorithmisches Denken können / muss hartnäckig und geduldig sein
   B) muss Programmiersprache können / muss Problem verstehen / muss algorithmisches Denken können / muss hartnäckig und geduldig sein
   C) muss Programmiersprache können / muss viel Pizza essen / muss algorithmisches Denken können / muss hartnäckig und geduldig sein
5. Wer muss sich die Problemlösungsanleitung (Algorithmus) ausdenken?
   A) Computer
   B) Mensch und Computer zusammen
   C) Mensch
6. Für welche Probleme ist ein Computer nutzbar?
   A) für Probleme, für die ein Algorithmus existiert
   B) für Probleme, für die ein effizienter Algorithmus existiert
   C) für alle Probleme
7. Was ist ein Algorithmus?
   A) ein anderes Wort für Computer
   B) eine Problemlösungsanleitung
   C) eine Programmiersprache
8. Wo beginnt die Abarbeitung eines Programms?
   A) am Anfang
   B) bei der Funktion main
   C) bei der Funktion programm
9. Was ist das wichtigste Ziel bei der Programmierung?
   A) lesbaren Code zu schreiben
   B) sicheren Code zu schreiben
   C) effizienten (schnellen) Code zu schreiben

Richtige Antworten: 1: B, 2: B, D, 3: A, 4: B, 5: C, 6: B, 7: B, 8: B, 10: A

Literatur

Adams, D.: The Hitchhiker's Guide to the Galaxy. Rogner & Bernhard, Munich (1981)
Skiena, S., Revilla, M.: Programming Challenges: The Programming Contest Training Manual. Springer, Heidelberg (2006)
Thorvalds, L., Diamond, D.: Just for Fun: Wie ein Freak die Computerwelt evolutionierte. Die Biographie des Linux-Erfinders. dtv, Munich (2002)
Yaşar, O.: A new perspective on computational thinking. Commun. ACM. **61**(7), 33–39 (2018)

Elementare Datentypen 4

4.1 Wichtigste Elementardaten

Die drei wichtigsten Elementardaten, die man speichern kann, sind:

- ganze Zahlen (in C und C-ähnlichen Programmiersprachen **int** genannt, die Kurzfassung für das englische Wort „integer"),
- Kommazahlen (in Programmiersprachen **double** genannt, hier kommt der Begriff von doppelter Genauigkeit ins Spiel, was später im Kapitel erklärt wird),
- Zeichen (in Programmiersprachen **char** genannt, die Kurzfassung für das englische Wort „character").

Im Speicher des Computers brauchen sie verschieden viel Platz, was damit zusammenhängt, wie der Rechner die Daten mit Strom und elektronischen Bauteilen aufbaut (dazu später in einem Kapitel mehr). Der Rechner rechnet dafür dann aber ordentlich mit den Daten, d. h., bei Operationen (Addition, Subtraktion usw.) von zwei ganzen Zahlen kommt auch wieder eine ganze Zahl raus, so wie man das in der Mathematik gelernt hat. Jeder Datentyp hat Vor- und Nachteile. So brauchen Zeichen nur ein Byte (8 Bits – kleinste Speichereinheit im Rechner), ganze Zahlen zwischen 2 und 8 Byte (abhängig vom Rechner und verwendeten Compiler) und genauere Kommazahlen 8 Byte. Auf die gespeicherten Daten greift man über Variablen zu, die eine Art Behälter sind. Variablen haben einen Namen und einen Datentyp. Variablennamen sollten sich lesen wie ein deutscher oder englischer Satz.

Beispiel verschiedene Variablennamen

```
int gibtanwievielBierimKuehlschrank; //oder
int anzahlBierimKuehlschrank; //oder
int numberofBeerinFridge; ◄
```

Abb. 4.1 Deklaration einer ganzen Zahl

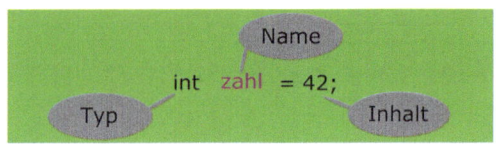

Syntaxregeln für Variablennamen:

- Nur Buchstaben (ohne Umlaute), Ziffern und Unterstriche (_) benutzen.
- Das erste Zeichen muss ein Buchstabe oder Unterstrich sein.
- In C wird Groß- und Kleinschreibung bei Namen unterschieden.
- Ein Name kann beliebig (ziemlich) lang sein.
- Darf kein Schlüsselwort wie z. B. **void, while, do, int** sein.

Der Datentyp einer Variablen ist wichtig für den Rechner, damit er weiß, wie Operationen (+, −, *, / usw.) auszuführen sind. Kommazahlen werden anders addiert als ganze Zahlen usw. Variablen sollten am Anfang eines Programmes erklärt werden, damit der Compiler weiß, was sie bedeuten (wie z. B. bei einer Häkelanleitung: LM [Luftmasche], FM [feste Masche] muss vorher erklärt werden, sonst weiß man gar nicht, was man häkeln soll), siehe Abb. 4.1.

Code-Beispiel für die Verwendung von Variablen

```c
//hinter diesen Doppelstrichen stehen Kommentare
//Anfang des Programms
int main(){
 //Reservierung von Speicher für eine ganze Zahl
 //Speicherplatz heißt: zahl
 //Zuweisung der 42 auf den //Speicherplatz zahl
 int zahl=42;
 //Deklaration von zahl2 und Initialisierung mit 0
 int zahl2=0;
 //Eingabe einer Zahl und Speicherung auf
 Speicherplatz zahl
 scanf("%i",&zahl);
 //auf zahl wird 1 dazu addiert
 zahl=zahl+1;
 //Ausgabe des Textes mit Einfügen der Inhalte
 //der Speicherplätze von zahl und zahl2 an die
 //Stellen der beiden Formatierer %i
 //die Ausgabe würde dann wie folgt aussehen,
 //wenn man z.B. 99 eingibt bei scanf:
 //"zahl = 100 und zahl2 = 0"
 printf("zahl = %i und zahl2 = %i\n",zahl,zahl2);
 return 0;
}//Ende des Programms ◄
```

4.2 Der Datentyp int für ganze Zahlen

Durch Casting kann man Variablen eines Datentyps in einen anderen umwandeln, wobei es Verluste und Probleme geben kann. Vorstellen kann man sich das, als würde man aus einer großen Wohnung in eine kleine Wohnung umziehen. Darauf wird in diesem Buch nicht eingegangen.

4.2 Der Datentyp int für ganze Zahlen

Ganze Zahlen können im Computer nur bis zu einer von der Hardware abhängigen Größe dargestellt werden. Im Gegensatz zu Kommazahlen werden sie uneingeschränkt exakt dargestellt. Addiert man zur größten ganzen Zahl, die der Rechner darstellen kann, eine Eins, erhält man die kleinste negative ganze Zahl. Für z. B. eine 4-Byte-Darstellung der ganzen Zahlen ist die größte Zahl 2147483647.

Im Folgenden ein Programm, das die größte ganze Zahl des Rechners, worauf es läuft, ausgibt. Das Programm ist mit dem bisher Erlernten leider noch nicht zu verstehen. In Abschn. 7.3 kann man nachlesen, wie das while-Konstrukt funktioniert. Zur Zahl Null wird immer eins aufaddiert, so lange, bis die Zahl ins Negative kippt. Die letzte positive Zahl ist dann die größte ganze Zahl, die der Rechner darstellen kann. Probieren Sie das Programm einfach mal aus, so kann man seinen eigenen Rechner gut kennenlernen.

▶ **Programm für die Ausgabe der größten darstellbaren ganzen Zahl**
Das Programm läuft ein paar Sekunden.

```
//Suche nach der groessten ganzen darstellbaren
//Zahl auf meinem Rechner
#include<stdio.h>;
int main(){
 int i=0;
 //Hochzaehlen bis man ins Negative kippt
 while(i<i+1){i++;}
 printf("Groesste ganze Zahl: %i",i);
 return 0;
}
```

Es gibt auch noch Datentypen für ganze Zahlen wie short und long, die aber in diesem Buch nicht verwendet werden.

Aufgabe
Was wird hier ausgegeben und warum?

```
int a=13;
int b=2;
int c;
c=a/b;
printf("%i",c);
```

4.3 Der Datentyp double für Kommazahlen

Der Datentyp double für Kommazahlen kann sehr große Zahlen darstellen, diese sind aber nur auf 15 Stellen genau (eventuell auf 17 Stellen genau, was vom Rechner und Compiler abhängt). Ein Komma wird in Kommazahlen als Punkt geschrieben, z. B.

```
double pi=3.1415926535;
```

Der Formatierer für Kommazahlen ist lf, z. B.

```
printf("%lf",pi);
```

Um die Genauigkeit des eigenen Rechners festzustellen, kann man folgendes Programm laufen lassen und dabei Zweien dazuschreiben oder weglöschen, um die Genauigkeit des eigenen Rechners zu finden. Wird ausgegeben, dass die Zahlen a und b nicht gleich sind, weiß man, dass der Rechner sie als ungleich darstellen kann. Aber ab einer bestimmten Anzahl von Zweien kann das Ihr Rechner nicht mehr. Dann wurde seine Genauigkeitsgrenze erreicht. Auch dieses Programm ist mit dem bis jetzt Erlernten leider noch nicht zu verstehen. In Abschn. 7.1 kann man nachlesen, wie das if/else-Konstrukt funktioniert.

```
//Wie exakt ist mein Rechner?
#include<stdio.h>;
int main(){
 double a=2.2222222222222221;
 double b=2.2222222222222222;
 if(a!=b){
    printf("Die Zahlen sind nicht gleich.");
 }
 else{
    printf("Die Zahlen sind gleich.");
 }
 return 0;
}
```

▶ **Warning** Kommazahlen, die gleich ausgegeben werden, müssen nicht unbedingt im Rechner gleich dargestellt werden. Deshalb sollte man Kommazahlen eigentlich besser nicht auf Gleichheit oder Ungleichheit prüfen, sondern besser so:

```
double a;
double b;
if(absolutbetrag(a-b)<epsilon){…}
```

mit z. B. epsilon=0.0000005. Es gibt auch noch den Datentyp float für Kommazahlen, der aber in diesem Buch nicht verwendet wird.

4.4 Der Datentyp char für Zeichen

Der Datentyp char für Zeichen (char ist die Abkürzung für „character", was das englische Wort für Zeichen ist) stellt alle Symbole der Tastatur und noch viele mehr dar. Alle darstellbaren Zeichen sind in einer Codierungstabelle erfasst, die jedem Zeichen einen Zahlencode zuordnen. Denn gespeichert werden nicht die Zeichen selbst, sondern die dazugehörigen Codierungen. C nutzt den ASCII-Code (American Standard Code of Information Interchange), der den Zeichen die Zahlen von 0 bis 127 zuweist, wofür 7 (Binär-)Stellen benötigt werden, siehe mehr dazu im Abschn. 7.1.

Mit einem Hochkomma kann man Zeichen zuweisen, z. B.

```
char zeichen='A';
```

Der Formatierer für Zeichen ist c, z. B.

```
printf("%c",zeichen);
```

Es gibt nützliche Sonderzeichen, wie z. B. '\n' für einen Zeilenumbruch.

4.5 Deklaration und Initialisierung

Zwei wichtige Begriffe in der Programmierung sind Deklaration und Initialisierung. Eine Deklaration ist die Festlegung einer Variablen durch einen Datentyp und einen Namen. Wegen der Übersichtlichkeit sollte dies immer am Anfang eines Programmes erfolgen. Im realen Leben könnte das z. B. das Anlegen eines Bankkontos sein.

Eine Initialisierung ist die erste Wertzuweisung auf die Variable, was gleichzeitig in der Programmzeile der Deklaration erfolgen kann, aber nicht muss. Dies könnte z. B. die Einzahlung meines ersten Gehaltes auf mein neu gegründetes Konto sein.

4.6 Kommentare in Programmen

Persönliche Notizen können in einem Programm wie folgt implementiert werden:

```
//Ich bin ein Zeilenkommentar
/*Ich bin ein Kommentar, der
über mehrere Zeilen gehen kann*/
```

Der Compiler (das Programm, das das in C geschriebene Programm in Maschinensprache übersetzt, damit der Rechner es ausführen kann) überliest Kommentare. Kommentare sind extrem wichtig in Programmen. Sie machen es möglich, dass man nach einer Pause (z. B. Wochenende) sein eigenes Programm immer noch versteht oder dass ein anderer Programmierer es versteht, wenn man im Urlaub ist oder das Programmierteam verlassen hat.

Beginnen sollte man Programme ähnlich wie folgt:

```
//Autor: Irene Rothe
//Addition von zwei Zahlen
//Testfall: Eingabe: 2, 3 Ausgabe: 5
```

Dabei bedeutet *Testfall* Folgendes: Geben Sie hier mögliche Eingabewerte ein und was als Ergebnis das Programm berechnen sollte. Umso mehr Testfälle man vorher angibt, umso besser kann man das Programm dann testen. Ist das Programm fertig implementiert, sollten alle angegebenen Testfälle durchgetestet werden, bevor man das Programm verkauft.

4.7 Zusammenstellung

Folgende neue Begriffe muss man sich merken, weil sie jeder Programmierer ständig benutzt:

- Hauptprogramm: main(), hier beginnt der Rechner, das Programm abzuarbeiten.
- Variablen: Brauchen einen eindeutigen Namen, definiert durch einen Datentyp, der elementar sein kann. Durch den Datentyp wird bestimmt, wie mit der Variable gerechnet wird.
- Zeichen: char – speichert aber selbst keine Zeichen, sondern Zahlen anhand einer Tabelle (ASCII-Tabelle von 0–127), wird in einzelnen Anführungszeichen (') benutzt.
- Kommazahlen: Sind ungenau, sollte man niemals auf Gleichheit oder Ungleichheit prüfen wegen Ungenauigkeit, Geldbeträge immer mit Ganzzahlen abbilden (sie sind keine reellen Zahlen, da sie nicht dicht liegen, was heißt, dass zwischen 2 Geldbeträgen nicht unbedingt noch ein anderer Geldbetrag liegen muss), also mit Cents rechnen.
- Ganze Zahlen: Sind genau, nicht allzu groß, also immer daran denken, dass die größte ganze Zahl des Rechners erreicht werden könnte.
- Deklaration und eine Initialisierung: Festlegung einer Variablen durch Typ und Name (wegen der Übersichtlichkeit immer am Anfang eines Programmes) und erste Wertzuweisung.
- Anweisung: alles, wonach ein Semikolon steht.
- Zuweisung: Zeile mit nur einem Gleichheitszeichen und am Ende einem Semikolon.
- Operatoren: alle Operatoren, wie man sie so aus der Schule kennt, z. B. +, −, *, /, % …
- Schlüsselwörter: if, for, int, char, while, else, double …
- Kommentare: Text nach // und zwischen /* */.
- Funktionsaufruf: Aufruf von z. B. printf, scanf und anderen mitgelieferten C-Funktionen oder selbst geschriebenen Funktionen.
- Programme sollten IMMER wie folgt beginnen, hier ein Beispiel:

```
//Autor: Irene Rothe
//Addition von zwei Zahlen
//Testfall: Eingabe: 2,3 Ausgabe: 5
```

Fragen
1. Welche Datentypen gibt es in C?
    A) integer, bool, float, double
    B) String, char, int, double
    C) char, int, float, double
2. Wie sollte man eine Variable nennen, die Lebensjahre in Stunden beinhalten soll?
    a) lebensjahre
    b) lebensjahre_in_stunden
    c) lis
    d) l
3. Wozu sind Kommentare da?
    a) Der Programmierer soll zeigen, dass er noch eine andere Sprache spricht.
    b) Dort können Witze für anderen Programmierer untergebracht werden.
    c) Damit man eine Ahnung bekommt, was der Code dort machen soll.
4. Was macht ein Compiler mit Kommentaren?
    a) Sie werden kompiliert und im Programm ausgegeben.
    b) Sie werden kompiliert, bleiben aber unsichtbar.
    c) Die Kommentare werden vom Compiler ignoriert.
5. Welcher Datentyp braucht am wenigsten Speicher?
    a) int
    b) char
    c) double
6. Welcher dieser Datentypen verbraucht den meisten Speicher?
    a) int
    b) double
    c) char

Richtige Antworten: 1: C, 2: B, 3: C, 4: C, 5: B, 6: B

Informationsdarstellung und Algorithmen

5

Warum rechnen wir eigentlich mit 10 Ziffern? Weil es so einfach ist? Weil das Rechnen mit einer anderen Anzahl von Ziffern uns in einen Logikdschungel führen würde? Nö – weil wir 10 Finger haben. Würden wir Außerirdische mit 8 Fingern treffen, könnte man sich ziemlich sicher sein, dass die mit 8 Ziffern rechnen. Wie viele Finger hat nun ein Computer? Zwei: Strom da oder nicht da (5 V Spannung oder keine Spannung), also 1 oder 0.

Zum Glück kann jede Zahlendarstellung aufgebaut aus mindestens zwei Symbolen in jede andere überführt werden. Wir benutzen also 10 Symbole (0, 1, 2, 3, 4, 5, 6, 7, 8, 9) und der Computer 2 (0, 1).

Wie kommuniziert man nun mit dem Rechner?

Eine Addition in unserer Sprache an den Computer gestellt, würde z. B. so lauten:

- Lies Speicherzelle 394 aus.
- Addiere Speicherzelle 395.
- Schreibe das Ergebnis in Speicherzelle 396.

in Computersprache:

- 10001000 00000001 10001010
- 11001001 00000001 10001011
- 10001001 00000001 10001100

und in C:

- int a,b,c;
- c = a + b;

Wie stellt der Computer Zahlen, Zeichen und Programme dar?

Der Computer stellt alles mit Nullen und Einsen dar. Dabei heißt die kleinste Speichereinheit *Bit*, wo entweder eine 0 oder eine 1 steht. Andere Möglichkeiten (z. B. Qubits mithilfe von Quanten) sind bis jetzt noch nicht sehr praktikabel.

Zahlen und Zeichen müssen also über eine eindeutige Aneinanderreihung von Nullen und Einsen dargestellt werden.

5.1 Zeichendarstellung

Zeichen werden ziemlich zufällig dargestellt. Irgendwann hat sich eine Gruppe von Menschen darauf geeinigt, dass die wichtigsten Zeichen (genau sind es 128) im sogenannten ASCII-Format (American Standard Code for Information Interchange) dargestellt werden und überall und auf allen Rechnern gleich sind. Die ASCII-Codierung kann man ergoogeln. Zum Beispiel wird das große A durch die dezimale 65 dargestellt, welche im Binärsystem 1000001 ist, wie wir im Abschn. 6.2 sehen werden.

Für die wichtigsten Zeichen braucht man 7 Bits zur Darstellung (2 hoch 7 = 128 – Variation von 2 Elementen auf 7 Plätzen).

Andere Zeichen, wie z. B. unsere Umlaute, werden von Rechner zu Rechner verschieden dargestellt. Für sie nimmt man noch ein Bit dazu, also 8. Will man z. B. die chinesischen Zeichen auch noch darstellen, braucht man 16 Bits.

5.2 Darstellung ganzer Zahlen

Mühevoll lernt man in der Grundschule, dass sich Zahlen aus Einern, Zehnern, Hunderten usw. zusammensetzen. Also wie folgt, wobei b = 10 ist:

$$zahl = \sum_{i=0}^{n} a_i b^i$$

Man kann aber Zahlen genauso gut mit einer anderen Basis b darstellen, wie z. B. 2, der Basis, die Rechner nutzen, da sie nur „zwei Finger" haben. Außerirdische mit 16 Fingern würden sehr sicher mit dem Hexadezimalsystem rechnen. Die Basis 16 wird auch im Zusammenhang mit Rechnern gerne genutzt, weil man mit ihm Binärzahlen (die sehr lang werden können) verkürzt schreiben kann (von hinten werden immer 4 Stellen zusammengefasst und als eine Dezimalzahl aufgeschrieben, welche dann von 10 bis 15 mit den Zeichen A,B,C,D,E,F beschrieben werden).

Zahlendarstellung auf der Basis 10, 2, 16

$$(196_{10}) = 1^*10^2 + 9^*10^1 + 6^*10^0$$
$$(11000100)_2 = 1^*2^7 + 1^*2^6 + 0^*2^5 + 0^*2^4 + 0^*2^3 + 1^*2^2 + 0^*2^1 + 0^*2^0$$
$$(A49F10C)_{16} = 10^*16^6 + 4^*16^5 + 9^*16^4 + 15^*16^3 + 1^*16^2 + 0^*16^1 + 12^*16^0$$

Dabei ist die erste Zahl links unsere gewohnte Darstellung, nur lassen wir die Klammern und die kleine 10 weg, weil es üblich ist, Zahlen im Zehnersystem, also zur Basis b = 10, darzustellen.

Im obigen Beispiel ist die 196 im Zehnersystem als Dualzahl (also im Zweiersystem, auch Binärzahlen genannt) dargestellt und im 16er-System (auch Hexadezimalzahlensystem). Die Umrechnung dieser Zahlen ineinander ist sehr einfach. Um die 196 als Binärzahl darzustellen, sucht man

1. nach der höchsten Zweierpotenz, die in die 196 reinpasst (hier 2 hoch 7),
2. zieht 2 hoch 7 = 128 von 196 ab und erhält 68 und
3. macht dann immer so weiter, bis man bei der Addition aller Zweierpotenzen wieder 196 erhält.
4. Die Binärzahl erhält man dann wie folgt: Für jede Zweierpotenz, die in der Summe vorhanden ist, schreibt man eine 1, ansonsten eine 0.
5. Danach Klammern drum schreiben und eine kleine 2 als Index.

Rechnen kann man mit Binärzahlen eigentlich wie im Zehnersystem, was wir mühselig in der Grundschule gelernt haben. Man muss nur darauf achten, dass der Übertrag bei einer Addition nicht nach der 9 auftritt, sondern schon nach der 1.

Auch negative Zahlen kann man darstellen, wobei immer gelten muss: Positive Zahl plus negative Zahl ergibt null.

Binär dargestellte ganze Zahlen sind immer *genau*, aber nur so groß, wie der Rechner aufgebaut ist und wie viel Bits dabei vorgesehen sind für ganze Zahlen. Heutzutage sind das 32 Bits oder 64 Bits, aber das kann sich schnell ändern. Das sind nicht sehr viele Bits und die Zahlen sind nicht wahnsinnig groß, die damit darstellbar sind.

5.3 Gleitkommazahlen

Kommazahlen werden ganz anders als positive Zahlen dargestellt. Sie können wirklich sehr groß werden, haben aber den Nachteil, dann *ungenau* zu sein. Rechner nutzen für die Speicherung von Doublezahlen 64 Bits, was eine endliche Anzahl ist. Es gibt aber reelle Zahlen, wie z. B. irrationale Zahlen, die haben nach dem Komma unendlich viele verschiedene Stellen, die sich nie wiederholen.

Wie in Abb. 5.1 zu sehen, werden Kommazahlen (double) dargestellt.

$$zahl = +/- m \cdot b^e$$

b: Basis, z.B. 10 oder 2
m: Mantisse, $1/b < |m| < 1$ oder $m = 0$
e: Exponent, $-E <= e <= +E$

$$zahl = \pm 0.a_1 a_2 .... a_n b^e, a_1 \neq 0, 0 \leq a_i \leq b-1$$

Abb. 5.1 Darstellung von Kommazahlen

Dabei benutzt man für die Mantisse m 52 Bits und für den Exponenten e 11 Bits. Ein Bit bleibt dann noch fürs Vorzeichen, 0 für + und 1 für −.

Bei Gleitkommazahlen können überraschende Dinge beim Programmieren passieren. Zahlen, die gleich auf dem Bildschirm aussehen, sind aber auf der Bitebene nicht gleich und anderes. Deshalb sollte man beim Programmieren niemals zwei Kommazahlen auf Gleichheit testen, besser ist >; oder <.

Beispiel „0,1 ist nicht gleich 0,1"

$$(0.1)_{10} = 2^{-4} + 2^{-5} + 2^{-8} + 2^{-9} +$$
$$= 0.0625 + 0.03125 + 0.0039063 + 0.0019531 + \ldots$$
$$= 0.0996094 + \ldots$$
$$= 0.0001\ 1\ 001\ 1\ \ldots$$
$$= 0.00011001100110011\ldots.0011001100\ldots..$$

0,1 ist im Zehnersystem keine periodische Zahl, aber im Binärsystem. ◄

5.4 Aufbau von Computern

Rechenoperationen von verschiedenen Datentypen sind in Computern physisch in Schaltnetzen umgesetzt. Dabei sind die kleinsten Teile sogenannte Gatter, die technisch z. B. eine UND-, ODER- und NICHT-Tabelle umsetzen, siehe Tab. 5.1.

Zum Beispiel kann elektronisch eine UND-Tabelle mit einer Parallelschaltung umgesetzt werden, woran Sie sich vielleicht noch aus der Schule erinnern.

In sogenannten Schaltwerken (z. B. Halb- und Volladdierern) werden diese Gatter passend miteinander verbunden, sodass z. B. eine Addition ausgeführt wird.

Einem Computer bei der Arbeit zusehen kann mehr sehr gut hier: http://www.megaprocessor.com/.

Tab. 5.1 UND-Tabelle

Eingang1	Eingang2	Ausgang
0	0	0
1	0	0
0	1	0
1	1	1

5.5 Algorithmen

Algorithmen sind Anleitungen, wie z. B. ein Kochrezept, eine Bedienungsanleitung („Jetzt, wo ich weiß, wie es geht, verstehe ich auch die Anleitung"), das Sieb des Eratosthenes, das Sortieren von Büchern oder die Suche nach einem bestimmten Buch.

> Ein *Algorithmus* ist eine *endliche* Folge von Regeln, die zur Lösung eines Problems abgearbeitet werden müssen. Die Regeln müssen *präzise* formuliert sein und *effektiv* (tatsächlich ausführbar). Der Prozess der Anwendung der Regeln auf eine gegebene Eingabe stoppt nach einer *endlichen* Anzahl von Schritten, wenn das Problem eine Lösung besitzt. Zu jedem Zeitpunkt der Abarbeitung des Algorithmus benötigt der Algorithmus nur *endlich* viele Ressourcen.

5.5.1 Sortieren

Sortieren ist eine sehr wichtige Aufgabe. Rechner verbringen angeblich 25 % ihrer Zeit mit Sortieren. Mit schnellen Algorithmen für das Sortieren kann man viel Geld verdienen. Google sortiert ständig alle Einträge, Listen werden sortiert, bevor in ihnen gesucht wird.

Beim Sortieren geht es um Folgendes:

- Ordnen von Dateien mit Datensätzen, die Schlüssel enthalten,
- Umordnen der Datensätze, sodass eine klar definierte Ordnung der Schlüssel (numerisch/alphabetisch) besteht.

Die Schlüssel können z. B. eine Liste von natürlichen Zahlen sein. Menschen können ab einem bestimmten Alter Zahlen sortieren. Dabei gehen sie unterschiedlich vor.

Drei Algorithmen sollen hier vorgestellt werden: Sortieren durch *Auswählen*, *Bubblesort* und *Quicksort*.

- *Sortieren durch Auswählen* wird z. B. beim Sortieren von Karten auf der Hand bei einem Kartenspiel angewendet. Dies nennt man auch den Brute-Force-Ansatz, weil es die naheliegendste Art des Sortierens ist. Man sucht den jeweils größten Wert und tauscht diesen mit dem Wert der letzten Stelle aus. Dann fährt man fort mit der um einer Zahl kleineren Liste, bis die Liste sortiert ist, siehe Abb. 5.2. Wie lange das dauert, hängt sehr von der Sortierung der Daten ab.
- *Bubblesort* – Sortieren durch Vertauschen hat seinen Namen davon, dass verschieden große aufsteigende Blasen („bubbles") in einer Flüssigkeit sich quasi von alleine sortieren, da größere Blasen die kleineren überholen. In einer gegebenen Liste tauscht man immer 2 Elemente, wenn das erstere größer als das folgende ist. Wenn man beim Vergleich und Vertauschen am Ende der Liste angekommen ist, fängt man wieder vorne an, siehe Abb. 5.3. Dies macht man so lange, bis keine Vertauschungen mehr nötig sind. Diese Sortierung ist einfach zu programmieren, dauert aber oft auch sehr lange.

Abb. 5.2 Sortieren durch Auswählen

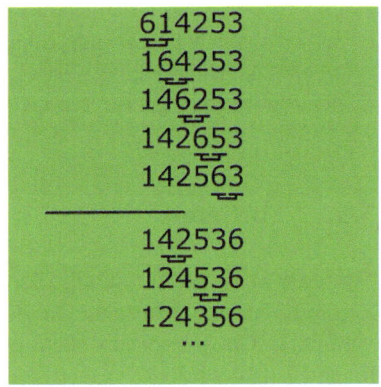

```
86714253
36714258
36514278
32514678
...
```

Abb. 5.3 Bubblesort

```
614253
164253
146253
142653
142563

142536
124536
124356
...
```

- *Quicksort* ist eine viel schnellere Art der Sortierung. Einmal besuchte ich eine Freundin, die gerade umgezogen war und sehr viele Bücher in eine Bücherwand einsortieren wollte. Sie glaubte, dafür einen Monat zu brauchen. Aber ich war da und meinte, in drei Stunden haben wir das geschafft. Ich sortierte erst alle Bücher in zwei Haufen: alle Bücher mit Autoren von A-M und von N-Z. Diese beiden Haufen unterteilte ich dann wieder und wieder nach dem gleichen Prinzip, bis nur noch Stapel von zwei Bücher übrig waren, die man durch Vertauschen oder nicht schnell in die richtige Reihenfolge brachte. Dabei wandte ich zwei Techniken an: teile und herrsche (ein großes Problem unterteilen in kleine Probleme, die genau gleich zum großen Problem sind) und die Rekursion (immer wieder die gleiche Technik anwenden mit einer immer kleineren Menge von Elementen).

Man vermeidet die Mischung der Bücher/Elemente (Zahlen) durch Aufteilung in zwei Teillisten bezüglich eines Referenzelementes (kann beliebig sein, z. B. das rechteste oder linkeste), wobei in der einen Liste alle Elemente größer als das Referenzelement sind und in der anderen Liste alle Elemente kleiner sind. Das macht man so lange, bis man Einerlisten oder Zweierlisten hat, die man einfach (durch Vertauschen) oder gar nicht sortieren muss. In Abb. 5.4 sieht man den Beginn der Sortierung einer Liste, wo als beliebiges Referenzelement immer das rechteste gewählt wird.

5.5 Algorithmen

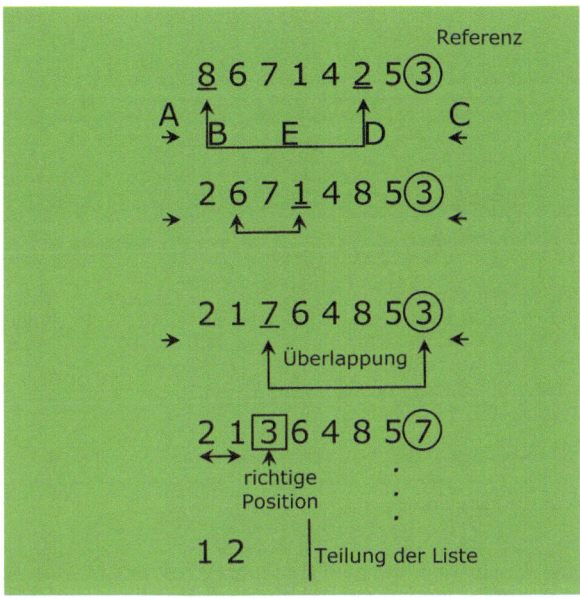

Abb. 5.4 Quicksort

5.5.2 Suche

Suchen in *sortierten Listen* ist ebenso eine sehr häufige Anwendung von Rechnern. Zwei Algorithmen von vielen für die Suche sollen hier erklärt werden.

- Die einfachste Suche ist die *sequenzielle Suche*, wo man einfach beim ersten Element der Liste startet. Ist dies nicht das gesuchte Element, überprüft man das nächste Element in der Liste. Das macht man so lange, bis man das Element gefunden hat oder am Ende der Liste angekommen ist und das Element offensichtlich nicht dabei war. Diese Art der Suche ist sehr umständlich, besonders wenn das Element nicht in der Liste ist, hat man viel Zeit verloren.
- Sucht man die Telefonnummer einer Person in einem Papiertelefonbuch, würde man nie so vorgehen. Offensichtlich haben wir nebenher in unserem Leben auch Suchalgorithmen gelernt. Man würde einen Namen im Papiertelefonbuch eingrenzen. Beginnt er mit einem Buchstaben in der ersten Hälfte des Alphabets, schlägt man die vordere Hälfte des Telefonbuchs auf, ansonsten die hintere. Das macht man dann mit der Hälfte vom Telefonbuch immer wieder so, bis man die Nummer hat oder weiß, dass die Person keinen Eintrag im Telefonbuch hat. Das ist die *binäre Suche*. In Abb. 5.5 ein Beispiel für die Suche der Zahl 32 in der obersten Liste:

In einem späteren Kapitel wird genauer erklärt, wie man mathematisch feststellt, welcher Algorithmus schneller ist als andere, ohne dies mit einer Stoppuhr zu messen. Man kann z. B. im Programmiercode die Semikolons zählen (vor Semikolons

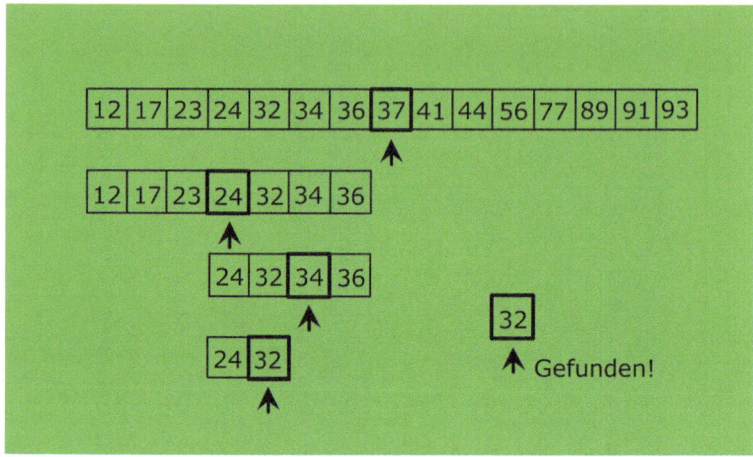

Abb. 5.5 Abbildung: Binäre Suche

steht immer eine Anweisung, die dem Rechner Arbeit macht, was Zeit kostet), was jetzt einfach klingt, aber leider nicht ist. Code mit den wenigsten Semikolons ist am schnellsten.

5.5.3 Berechnung des kürzesten Weges von A nach B (Dijkstra-Algorithmus)

Ein weiterer toller Algorithmus ist der von Dijkstra, der von Gallenbacher (2012) sehr schön beschrieben wird.

5.6 Korrektheit von Algorithmen

Der Nachweis der Korrektheit eines Algorithmus bezieht sich immer darauf, was er tun soll. Insofern handelt es sich um eine relative Korrektheit. Diese kann man durch Testen, ob aus bestimmten Eingabewerten bestimmte Ausgabewerte berechnet werden, prüfen. Echte Korrektheit ist sehr aufwendig zu beweisen.

Testen kann man nur die Anwesenheit von Fehlern, nicht jedoch die Abwesenheit. Sinnvolle Beurteilungen von Algorithmen sind ihre *Robustheit* (sinnvolles Reagieren auf falsche Eingaben) und ihre *Zuverlässigkeit* (Wie oft treten Fehler auf? Wie oft tritt ein und derselbe Fehler auf? Wie viele unterschiedliche Fehler gibt es? Führt der Fehler zum Rechnerabsturz oder zum Verlust von Daten?).

5.7 Übungen

Aufgabe 1: Sortieren Sie folgende Zahlenfolgen

a) 18 7 12 2 3 10 4 durch Sortieren durch Auswählen,
b) 6 1 4 2 5 3 nach Bubblesort,
c) 18 7 12 2 3 10 4 nach Quicksort.

Aufgabe 2: Suchen Sie die 12 mithilfe der Binärsuche in folgender Folge: 3 4 7 10 12 14 66 67 88

Fragen
1. Was ist 101010101 dezimal?
   A) 341
   B) 343
   C) 339
2. Was ist 56 dual?
   A) 111001
   B) 111000
   C) 111010
3. Wie funktioniert Quicksort?
   A) Suche jeweils größten Wert, tausche diesen mit dem Wert der letzten Stelle, fahre mit dem um eins kleineren Element fort.
   B) Tausche 2 Elemente, wenn das erste größer ist als das folgende, bis der Fall nicht mehr auftritt.
   C) Pivot-Element wählen, von links gehend eine größere Zahl als Pivot-Element finden, von rechts gehend eine kleinere finden, diese zwei Elemente tauschen. Wenn man das größere überspringen müsste, tauscht man Pivot-Element mit größerem Element.
4. Welcher dieser Datentypen verbraucht den meisten Speicher?
   A) int
   B) double
   C) char

Richtige Antworten: 1: A, 2: B, 3: C, 4: B

Literatur

Gallenbacher, J.: Abenteuer der Informatik. Springer Spektrum, Berlin/Heidelberg (2012)

Kontrollstrukturen und Flussdiagramme 6

In diesem Kapitel beschäftigen wir uns mit Kontrollstrukturen, mit denen man einen Algorithmus für die Lösung eines Problems formulieren kann (wie mit dem Mund in Sprache). Die Kontrollstrukturen ermöglichen es, Anweisungen für den weiteren Verlauf nach bestimmten Bedingungen zu differenzieren. Wie das gemeint ist, zeigt das folgende Beispiel.

Eine Flugzeugsteuerung wurde vor vielen Jahren wie folgt programmiert:

- Wenn die Geschwindigkeit über 300 km/h ist, soll das Flugzeug abheben.
- Wenn die Geschwindigkeit unter 300 km/h ist, dann soll das Flugzeug beschleunigen.

```
if(v>300){Abheben;}
if(v>300){mehr Geschwindigkeit;}
```

Aufgabe
Was ist hier das Problem? Wie könnte man das Problem beheben?

Verbesserung
```
if(v>300){Abheben;}
else{mehr Geschwindigkeit;}
```

Ein Algorithmus kann aus folgenden drei Bestandteilen bestehen:

- Mach was: Anweisungen (Sequenz) – Zeile mit Semikolon.
- Mach was, wenn: Verzweigung – **if/else.**
- Mach was wieder und wieder: Schleife – **while, for.**

Die betreffenden Konstrukte und alternativen Ausführungen werden im Folgenden erläutert.

6.1 Das if/else-Konstrukt

Das **if/else**-Konstrukt wird für Verzweigungen (Fallunterscheidungen) benutzt, wobei das englische Wort „if" für „wenn" und das Wort „else" für „ansonsten" verwendet wird.

```
if(Bedingung){Ausdruck 1;}
else{Ausdruck 2;}
```

Beispiel Kontrollstruktur

Wenn ich mehr als 50 € habe, borge ich Klaus 20 € (was sich auf sein schon bei mir geborgtes Geld aufaddiert), ansonsten gebe ich ihm nur 10 €. Bedauerlicherweise verringert sich mein eigenes Geld jeweils um das geborgte Geld.
   Hier der Code mit einer Verzweigung:

```
if( meingeld>50){
   klausgeborgt=klausgeborgt+20;
   meingeld=meingeld-20;
}
else{
 klausgeborgt=klausgeborgt+10;
 meingeld=meingeld-10;
}
```

Hier der Code mit Deklaration, Initialisierung und einer Verzweigung:

```
//ganzzahlige Eurowerte
int klausgeborgt;
int meingeld;
//Startwerte fuer die Variablen
//ich habe in meiner Boerse 100 Euro
meingeld=100;
//Klaus hat von mir schon 300 Euro geborgt
klausgeborgt=300;
if(meingeld>50){
   klausgeborgt=klausgeborgt+20;
   meingeld=meingeld-20;
}
else{
 klausgeborgt=klausgeborgt+10;
 meingeld=meingeld-10;
} ◄
```

6.1 Das if/else-Konstrukt

▷ Ich empfehle, wenn möglich immer in beide Verzweigungen (if und else) Programmcode zu schreiben. Man erspart sich viel Ärger bei mancher Fehlersuche.

Man kann if/else-Verzweigungen auch verschachteln, wie in folgendem Beispiel dargestellt ist.

Beispiel verschachtelte Verzweigungen

Je nachdem ob ich 10 €, 20 € oder 30 € habe, gebe ich Klaus entweder 5 €, 10 € oder 20 €. In allen anderen Fällen gebe ich Klaus nix! Das Doppelgleichheitszeichen steht dabei für den Vergleich der linken mit der rechten Seite der Gleichheitszeichen.

Hier der Code mit verschachtelten Verzweigungen:

```
if(meingeld==10){
   klausgeborgt=klausgeborgt+5;
   meingeld=meingeld-5;
   printf("Na gut, ich borge Dir zum allerletzten Mal 5 Euro!\n");
}
else{
 if(meingeld==20){
   klausgeborgt=klausgeborgt+10;
   meingeld=meingeld-10;
   printf("Na gut, ich borge Dir 10 Euro!\n");
 }
 else{
   if(meingeld==30){
     klausgeborgt=klausgeborgt+20;
     meingeld=meingeld-20;
     printf("Na gut, ich borge Dir 20 Euro!");
   }
   else{
     printf("Ich habe leider gerade kein Geld!");
   }
 }
} ◀
```

Hinweis Wie man am Ende des Beispiels sieht, häufen sich die geschweiften Klammern ordentlich. Deshalb ist es sehr zu empfehlen, immer das Klammerpaar komplett einzutippen und dann den Code zwischen den Klammern zu tippen.

▶ **Warning** Die Programmiersprache C hat eine Besonderheit. Wenn eine Bedingung 0 ist, ist sie falsch, alle anderen Ergebnisse in runden Klammern werden als wahr interpretiert. Das erzeugt Probleme, wenn man z. B. statt zwei Gleichheitszeichen aus Unachtsamkeit nur eins geschrieben hat, was dann eine Zuweisung ist. So ist z. B. die Bedingung in folgendem Beispiel falsch, weil in den runden Klammern eine 0 steht.

```
x=0;
if(x=0) ...
```

Oder es ist z. B.

```
x=3;
if(x=5) ...
```

wahr, aber man wollte wahrscheinlich folgenden Code schreiben:

```
x=3;
if(x==5) ...
```

Geschickter lassen sich manche geschachtelte Fallunterscheidungen mit dem **switch**-Konstrukt darstellen.

6.2 Das switch-Konstrukt

Obigen verschachtelten Programmcode kann man mit dem switch-Konstrukt lesbarer darstellen wie in Abb. 6.1.

```
switch (meingeld) {                    geht nur für
  case 10:                             char und int
      klausgeborgt = klausgeborgt + 5;
      meingeld = meingeld - 5;
      break;
  case 20:
      klausgeborgt = klausgeborgt + 10;
      meingeld = meingeld - 10;
      break;
  case 30:
      klausgeborgt = klausgeborgt + 20;
      meingeld = meingeld - 20;
      break;
  default:
      printf ("Ich habe leider gerade kein Geld!");
}
```

Abb. 6.1 Beispiel für switch

▶ Switch kann nur für char und int benutzt werden und nur für Gleichheitsprüfungen.

Aufgabe Benutzen Sie switch, um Ihre Tastatur abzufragen: j für Ja, n für Nein. Also:
Eingabe: eine Taste
Ausgabe: „Sie haben gerade Ja eingegeben" bzw. „Sie haben gerade Nein eingegeben" bzw „Sie haben was Komisches eingegeben".

6.3 Das while-Konstrukt (kopfgesteuert)

Das while-Konstrukt wird für Schleifen (Wiederholungen) benutzt, wobei das englische Wort „while" für „solange" verwendet wird.

```
while(Bedingung){Ausdruck;}
```

Beispiel Code mit Schleife

Solange ich mehr als 50 € in meiner Geldbörse habe, borge ich Klaus (z. B. jeden Tag) 10 €.
Hier der Code mit einer Schleife:

```
meingeld=100;
while(meingeld>50){
 klausgeborgt=klausgeborgt+10;
 meingeld=meingeld-10;
}
```
◀

Ändert man nicht die Bedingungsvariable innerhalb der Schleife, im obigen Beispiel die Variable **meingeld**, erhält man eine Endlosschleife.

```
while(1==1){
 printf("Ich habe ganz schoen zu tuen!");
}
```

Aufgabe Schreiben Sie Code, der 10 Sternchen ausgibt.

Bemerkung Es gibt auch fußgesteuerte Schleifen, bei der die Bedingung am Ende ausgewertet wird.

6.4 Das for-Konstrukt

Das for-Konstrukt wird ebenfalls für Schleifen benutzt, in der Regel wenn man genau weiß, wie oft eine Anweisung ausgeführt werden soll. Dieses Konstrukt wird auch Zählschleife genannt.

```
for(Anfangszustand;Bedingung;Iterationsausdruck){Ausdruck;}
```

Beispiel Code mit Zählschleife

Nur 5 Mal borge ich Klaus 10 €. Hier der Code mit einer Zählschleife:

```
//nur 5 Mal borge ich Klaus 10 Euro
//ich brauche keine Strichliste wegen for
int i;
for(i=0;i<5;i=i+1){
  klausgeborgt=klausgeborgt+10;
  meingeld=meingeld-10;
}
```

Eine Endlosschleife würde man mit **for** wie folgt schreiben:

```
for(;;){printf("Ich kann einfach nicht aufhoeren!");}
```

Aufgabe Schreiben Sie Code, der 10 Sternchen ausgibt, und benutzen Sie dabei die for-Schleife.

Bemerkung Die beiden hier beschriebenen Schleifen sind gleichbedeutend, man kann die eine in die andere umwandeln, siehe Abb. 6.2.

```
for:
    int zaehler;
    for (zaehler=0; zaehler < 10; zaehler++){
            printf("%i \n",zaehler);
    }

while:
    int zaehler=0;
    while (zaehler < 10){
            printf("%i \n",zaehler);
            zaehler++;
    }
```

Abb. 6.2 for versus while

6.5 Testen von Bedingungen

Was kann alles in den runden Klammern einer Bedingung stehen, die falsch (0) oder wahr (alle anderen Werte) ausgewertet werden kann?

- Test auf Gleichheit: ==
  (meingeld == 0) wird mit Ja beantwortet, wenn ich blank bin, ansonsten mit Nein.
- Test auf Ungleichheit: !=
  (meingeld != 0) wird mit Ja beantwortet, wenn ich noch Geld habe.
- Test auf kleiner gleich: <=
  (meingeld <= 10) wird mit Ja beantwortet, wenn ich weniger oder genau 10 € habe.
- Test auf größer gleich: >=
  (meingeld >= 10) wird mit Ja beantwortet, wenn ich mehr oder genau 10 € habe.
- Test auf kleiner: <
- Test auf größer: >
- 2 Bedingungen müssen überprüft werden: && (logisches UND)
  (meingeld > 0) && (klausgeborgt == 0) wird mit Ja beantwortet, wenn ich Geld habe und Klaus keine Schulden bei mir hat, ansonsten mit Nein.
- eine von 2 Bedingungen muss überprüft werden: || (logisches ODER)
  (meingeld > 0) || (klausgeborgt == 0) wird mit Ja beantwortet, wenn:
  – ich Geld habe und Klaus keine Schulden bei mir hat oder
  – ich Geld habe, aber Klaus Schulden bei mir hat oder
  – ich kein Geld habe, aber Klaus auch keine Schulden bei mir hat.
  – Nur wenn ich kein Geld habe und Klaus Schulden bei mir hat, lautet die Antwort Nein.

Testfragen müssen so gestellt werden, dass die Antwort immer Ja oder Nein lautet. Der Rechner geht bei der Ausführung eines Programmes in eine Schleife rein, wenn die Bedingung wahr ist.

In Tab. 6.1 und 6.2 sind noch mal alle Operatoren übersichtlich aufgelistet:

Tab. 6.1 Vergleichsoperatoren

Operatoren	
>;	größer
<;	kleiner
>=	größer gleich
<;=	kleiner gleich
==	gleich
!=	ungleich

Tab. 6.2 Logische Operatoren

Operatoren	
&&	und (logisch)
||	oder (logisch)
!	nicht

6.6 Flussdiagramme

Flussdiagramme (FDs) werden genutzt, um einen Algorithmus grafisch darzustellen. Sie werden von allen Programmierern (egal für welche Programmiersprache) weltweit verstanden und sind extrem gut geeignet, um über Programme zu reden und zu diskutieren. Es gibt sogar Normen für Flussdiagramme (Programmabläufe): DIN 66001/ISO 5807.

Die Verzweigung

Abb. 6.3 zeigt ein Flussdiagramm mit einer Verzweigung.

Hier der C-Code für das Flussdiagramm in Abb. 6.3:

```
if(a>=0){
   printf("a ist positiv.");
}
else{
   printf("a ist negativ.");
}
```

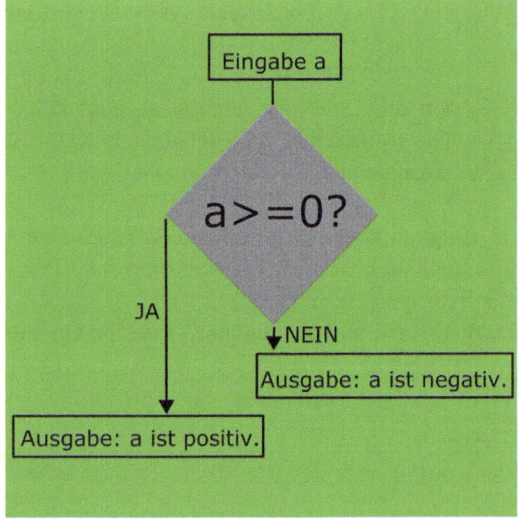

Abb. 6.3 Flussdiagramm für eine Verzweigung

6.6 Flussdiagramme

Die Schleife

Abb. 6.4 zeigt ein Flussdiagramm mit einer Schleife.

Abb. 6.5 zeigt ein weiteres Flussdiagramm mit einer Schleife, das mit einer eingegebenen positiven Zahl beginnt und in der Schleife immer weiter um eins runterzählt, bis null erreicht ist.

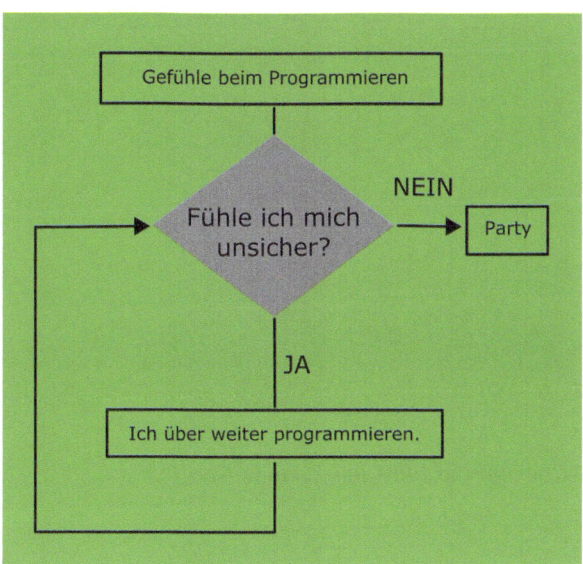

Abb. 6.4 Flussdiagramm für eine Schleife

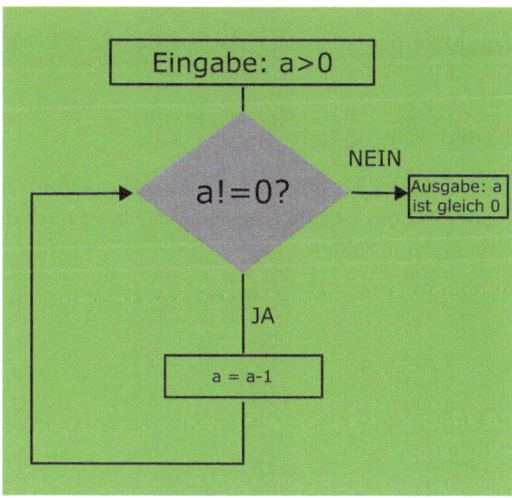

Abb. 6.5 Beispielflussdiagramm für eine Schleife

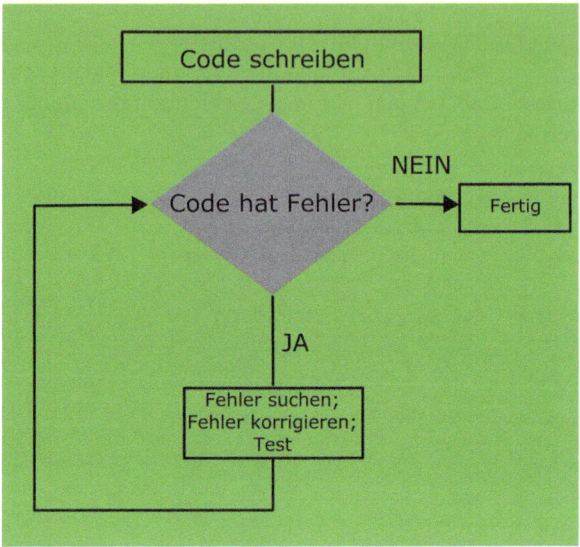

Abb. 6.6 Flussdiagramm fürs Programmieren

Hier der C-Code für das Flussdiagramm in Abb. 6.5:

```
while(a!=0){
   a=a-1;
}
printf("a ist gleich Null.");
```

Die typische Programmiertätigkeit kann als Flussdiagramm wie in Abb. 6.6 dargestellt werden.

Beispiel Flussdiagramm und C-Code

Und nun noch als abschließendes Beispiel das Flussdiagramm, siehe Abb. 6.7 und der zugehörige C-Code für das Beispiel aus Kap. 3: Suche nach der größten ganzen Zahl einer Folge von ganzen Zahlen.

6.6 Flussdiagramme

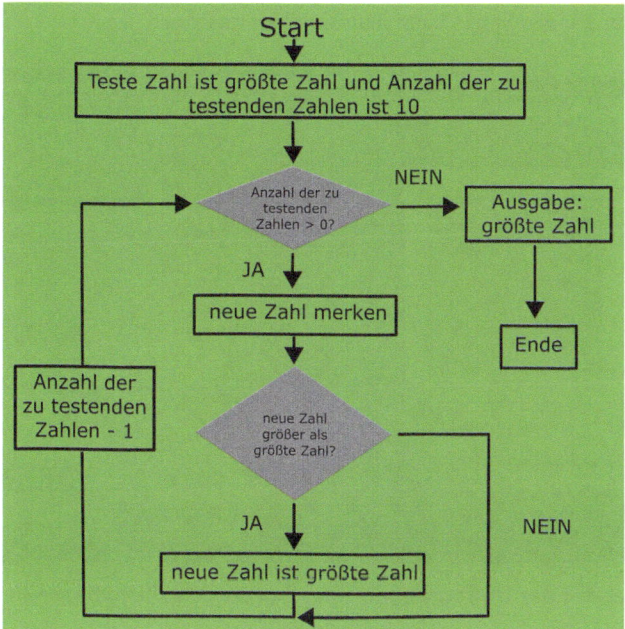

Abb. 6.7 Flussdiagramm zum Algorithmus Suche nach der größten ganzen Zahl

Hier der Code für die Suche nach einer größten ganzen Zahl:

```
#include
int main() {
 //Deklaration
 int gesagtezahl;
 int groesstezahl;
 int i=10;
 //Eingabe
 scanf("%i",&groesstezahl);
 i=i-1;
 while(i>0){
   scanf("%i",&gesagtezahl);
   if(gesagtezahl>groesstezahl){
      groesstezahl=gesagtezahl;
   }
   i=i-1;
 }
 printf("Die groesste Zahl ist %i",groesstezahl);
 return 0;
} ◄
```

Die Entstehung eines Spiels kann man sich hier ansehen:

Coco startet mit der C Programmierung Teil 3 - Das Flussdiagramm

Coco startet mit der C-Programmierung – Das Flussdiagramm: https://www.youtube.com/watch?v=OR1I_xerHsk&t=3s

Aufgabe
Stellen Sie folgenden umgangssprachlichen Algorithmus erst als Flussdiagramm dar und dann in C:

1. Sei A die größere der beiden Zahlen A und B (entsprechend vertauschen, falls B größer A).
2. Setze A auf den Wert A – B.
3. Wenn A und B ungleich sind, dann fahre fort mit Schritt 1, wenn sie gleich sind, ist der Algorithmus beendet.

Frage Was berechnet der Algorithmus?

6.7 Zusammenfassung

- Sie sollten die beiden Programmierkonstrukte if/else und while immer im Kopf parat haben. Jeder Programmierer benutzt sie ständig.
- Sie haben gelernt, wozu Flussdiagramme nützlich sind, und können damit einen Algorithmus mit den allgemeingültigen Regeln grafisch darstellen. Flussdiagramme werden von allen Programmierern (egal für welche Programmiersprache) weltweit verstanden, sie sind sehr geeignet, um über Programmierung zu diskutieren.

6.8 Übungen

Aufgabe 1: (Anwendung einer Verzweigung, eine erste Idee ist nötig!)
Schreiben Sie ein Programm, welches eine Integerzahl einliest. Überprüfen Sie, ob die Zahl größer, kleiner oder gleich null ist.
Wurde eine gerade oder ungerade Zahl eingegeben?
Aufgabe 2: (Verwendung des double-Datentyps, Achtung Mathematikregeln! Sie gelten auch bei der Programmierung.)
Berechnen Sie die Lösung der quadratischen Gleichung $x^2 + px + q = 0$ nach der p-q-Formel, wobei p und q einzugeben sind. Sie können die Funktion sqrt(…) aus der math.h-Bibliothek fürs Wurzelziehen benutzen.
Aufgabe 3: (Programmierung einer ersten Schleife, dieses Programm wird noch oft gebraucht!)
Schreiben Sie ein C-Programm, welches die Summe von 1 bis N berechnet. N soll als Eingabe (int) abgefragt werden.
Beispiel: $1 + 2 + 3 + 4 = 10$

Fragen

1. Wie oft wird die Schleife for (i = 10; i < 0; i = i + 2) durchlaufen?
   A) 1
   B) 9
   C) unendlich
   D) gar nicht
2. Wie oft wird die Schleife for (x = 1; x <= 15; x = x + 3) durchlaufen?
   A) 5
   B) 10
   C) 15
   D) gar nicht
3. Wahr oder falsch? if ((n1 > 0 && n2 > 0)|| (n1 > n2 && n2 != 17)) für n1 = 1 und n2 = 17
   A) wahr
   B) falsch
4. Wahr oder falsch? if (zahl == 5 || (x < zahl && x > 5)) für x = 3 und zahl = 4
   A) wahr
   B) falsch

Richtige Antworten: 1: D, 2: A, 3: A, 4: B

Programmieren allein zu Hause

Zwischenkapitel: Generelle Hilfestellungen

Programmieren ist wirklich nicht schwer, man muss sich nur ein bisschen Zeit nehmen und darf nicht zu früh aufgeben. Dennoch sollte man auch nicht zu lange (mehr als 15 min) an einem Fehler hängen bleiben, sondern sollte hier weiter unten in diesem Kapitel nach Hilfe suchen. Ich bin mir ziemlich sicher, Sie finden eine Lösung.

Bewährt bei der Programmierung hat sich folgendes Vorgehen:

1. Ich versuche zu verstehen, was die Aufgabe ist, also was das Programm machen soll. Dies schreibe ich als erste Zeile in mein Programm oben rein hinter Kommentarstriche.

    ```
    //es sollen 2 Zahlen dividiert werden
    ```

2. Ich denke mir einen Testfall aus, wie ich das Programm, wenn es fertig ist, testen will. Dies schreibe ich als zweite Zeile oben in mein Programm hinter Kommentarstriche.

    ```
    //a=3, b=5, Ergebnis=0.6
    ```

3. Ich überlege mir, welche Eingaben es geben muss und von welchem Datentyp sie sein müssen. Dies hat nichts mit Programmierung zu tun, sondern meistens mit Mathematik. Weiterhin denke ich mir schöne (gut für jedermann verständliche) Variablennamen aus, in die ich die Eingaben speichern werde.

    ```
    //beide Werte in double, da Division nicht ganzzahlig
    double dividend,divisor;
    ```

4. Ich überlege mir, welche Ausgaben mein Programm haben soll und von welchem Datentyp diese sind. Weiterhin denke ich mir schöne Variablennamen aus, in die ich die Ausgaben speichern will, bevor ich sie am Bildschirm anzeige.

```
//Division nicht ganzzahlig
double quotient;
```

5. Ich programmiere die Eingaben und die Ausgaben.

```
printf("Dividend: ");
scanf("%lf",&dividend);
printf("Divisor: ");
scanf("%lf",&divisor);
…
printf("Die Division ist %lf: ",quotient);
```

6. Jetzt programmiere ich den Rest ganz einfach, in dem ich
   - einem Flussdiagramm folge, das ich vorher gemalt habe,
   - nach Schleifen suche (Wiederholungen: Verwendung von **while** oder **for**) und nach Verzweigungen (Ja/Nein-Fragen: Verwendung von **if/else**),
   - eine Formel von außen nach innen programmiere,
   - per Hand die Aufgabe löse und dann alle Schritte nachprogrammiere
   - oder …

Dabei immer an die Mathematikregeln denken!

```
//Division durch Null nicht erlaubt
if(divisor==0){
 printf("Division durch Null nicht möglich! ");
}
else{
 quotient=divident/divisor;
 printf("Die Division ist %lf: ",quotient);
}
```

7.1   Typische Anfängerfehler

Hier ein paar Ideen für die Fehlersuche in C-Programmen:

- Sind alle C-Schlüsselwörter richtig geschrieben?
  Wenn ja, zeigt der Editor sie in einer bestimmten Farbe an.
- Gibt es eine main-Funktion? (**int main(){ return 0; }**)
- Steht nach jeder Anweisung ein Semikolon;?
  Keine Anweisungen sind: Bedingungen/Fragen.

▶ **Tipp** Es steht niemals ein Semikolon VOR einer offenen geschweiften Klammer.

- Gibt es gleich viele offene und geschlossene Klammern (egal ob runde oder geschweifte)? In der Regel vergisst man sehr schnell geschweifte Klammern.
- Bei der while- oder do-Kontrollstruktur unbedingt auf das Abbruchskriterium achten!
- Es sollte irgendwann eintreten! Sonst erhält man eine Endlosschleife, also gar keinen Algorithmus, der stoppt.
- Alle Initialisierungen (Anfangsbelegungen von Variablen) müssen wohlüberlegt sein!
- Setzt man eine Variable gleich null und multipliziert dann mit ihr, darf man sich nicht wundern, dass die Variable auch in Zukunft gleich null bleibt.
- Häufige Fehler bei scanf:
  - Besser NICHT mit %g.
  - NICHT mit \n.
  - & vergessen?
  - Formatierer passt nicht zur Variable nach dem Komma.

7.2 Tipps fürs Programmtesten:

- Programmtests *vor* Beginn der Programmierung planen und festlegen.
- Sinnvolle Variablennamen: **ergebnis, eingabe.**
- Eventuell andere Programmierkonstrukte verwenden (**for** statt **while**-Schleife).
- Bestimmte Stücke mit Papier und Bleistift nachrechnen! Hilft wirklich!
- Kommentare überarbeiten, z. B. Beschreibung dessen, was dort passieren sollte. Oft fällt dabei auf, dass das dort gar nicht im Code passiert.
- Zeilennummerierung im Editor einschalten.

7.3 Absolute Notfall-Programmtesttipps:

- Bei der scanf-Funktion das & vergessen?
- Ein Semikolon vor einer offenen geschweiften Klammer?
- Geben Sie sich mit printf ALLE Variablen aus! (Kommentieren Sie diese printfs später aus, nicht löschen!)
- Der ultimative Tipp: Rechnen Sie bestimmte Programmstücke mit Papier und Bleistift nach. (Der Lerneffekt und Erfolg ist phänomenal!)
- Der noch „*ultimativere*" Tipp: Schlafen Sie drüber und am nächsten Tag sehen Sie sofort den Fehler/das Problem, weil Ihr Gehirn nachts für Sie gearbeitet hat!

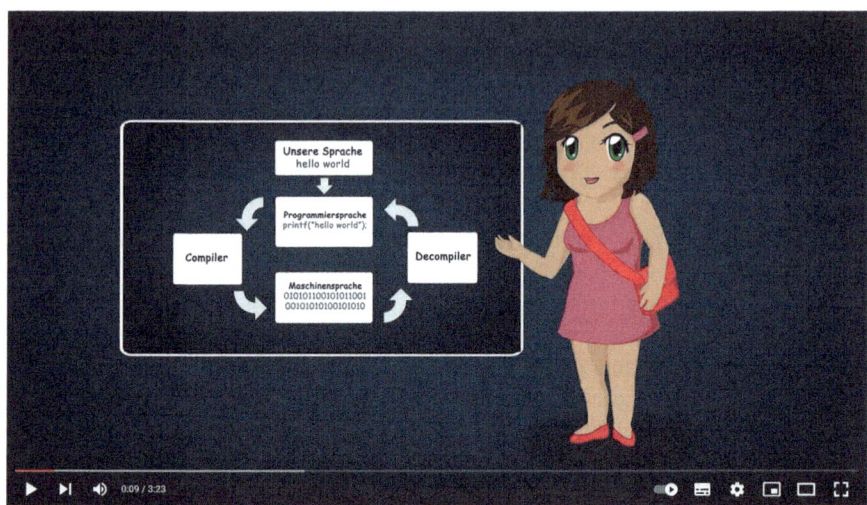

Coco startet mit der C Programmierung Teil 2 – Fehler beim Programmieren

Coco startet mit der C-Programmierung – Fehler beim Programmieren: https://www.youtube.com/watch?v=Ji6bMBDuqKU&t=9s

Funktionen 8

8.1 Grundlegendes

Eine Funktion bedeutet *eindeutige Abbildung*. Funktionen kennt man aus der Mathematik. Funktionen können einen oder mehrere Eingabewerte haben, mit denen sie etwas machen und entweder nichts oder höchstens einen Wert zurückgeben. Vorstellen kann man sich das so wie in Abb. 8.1, dass eine Funktion Werte hört oder sieht (mit Ohren oder Augen) und ein einziges Wort als Antwort sagt.

Beispiel Funktionsdefinition

Der Name der Funktion in Abb. 8.2 ist „f". Sie hat einen Eingabewert 2. Die Funktion quadriert den Eingabewert und gibt den Wert 4 zurück. ◄

Abb. 8.1 Bildliche Darstellung einer Funktionsdefinition

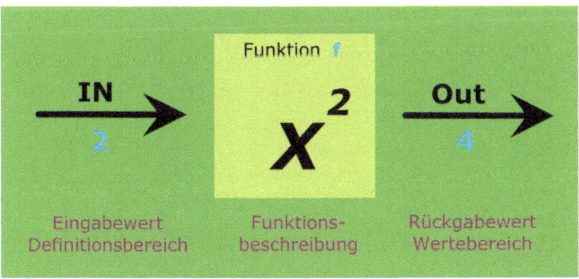

Abb. 8.2 Funktionsdefinition am Beispiel f(x) = x hoch 2

Funktionen sind nützlich, um Schritte eines Algorithmus unter einem bestimmten Namen (Funktionsname) zusammenzufassen, damit man diese Schritte durch Aufruf der Funktion immer wieder mit verschiedenen Eingabegrößen ausführen lassen kann. Dadurch wird die Redundanz in Programmen verringert.

printf und **scanf**, Funktionen, die man fast in jedem C-Programm nutzt (siehe Kap. 4 Start der Programmierung), werden genau deshalb angeboten.

Motivationsbeispiel
Ausgangslage: Klausuren wurden geschrieben.
   Aufgabe/Problem: Was ist die schlechteste Note? Was ist die höchste Punktzahl?
   Eine größte Zahl zu finden … Das hatten wir doch schon mal programmiert:

```
#include<stdio.h>
int main(){
 //Deklaration
 int gesagtezahl;
 int groesstezahl;
 int i=10;
 scanf("%i",&groesstezahl);
 while(i>0){
  scanf("%i",&gesagtezahl);
  if(gesagtezahl>groesstezahl){
     groesstezahl=gesagtezahl;
  }
  i=i-1;
 }
 printf("Die groesste Zahl ist %i ",groesstezahl);
 return 0;
}
```

Dieser Code angepasst für unser Problem könnte so aussehen:

```
#include<stdio.h>
int main(){
 //Deklaration
 double note,punkte;
 double schlechtestenote,hoechstepunktzahl;
 int i=10;
 scanf("%lf",&schlechtestenote);
 while(i>0){
  scanf("%lf",&note);
  if(note>schlechtestenote){
     schlechtestenote=note;
  }
```

8.1 Grundlegendes

```
  i=i-1;
 }
 printf("Die schlechteste Note ist %lf ",
 schlechtestenote);
 i=10;
 scanf("%lf",&hoechstepunktzahl);
 while(i>0){
  scanf("%lf",&punkte);
  if(punkte>hoechstepunktzahl){
      hoechstepunktzahl=punkte;
  }
  i=i-1;
 }
 printf("Die hoechste Punktzahl ist %lf ",hoechste
 punktzahl);
 return 0;
}
```

Was ist hieran nicht schön?

Der doppelte Code bei den while-Schleifen!

Verbessert werden kann das Programm mit einer Funktion findegroessteZahl wie folgt:

```
#include<stdio.h>
double findegroessteZahl(int anzahl){
 double zahl,gz;
 scanf("%lf",&gz);
 while(anzahl>0){
  scanf("%lf",&zahl);
  if(zahl>gz){
      gz=zahl;
  }
  anzahl=anzahl-1;
 }
 return gz;
}
int main(){
 double schlechtestenote,hoechstepunkte;
 int i=10;
 printf("Bitte geben Sie nacheinander die Klausurnoten
 ein:\n");
 schlechtestenote=findegroessteZahl(i);
 printf("Die schlechteste Note ist %lf.\n",
 schlechtestenote);
```

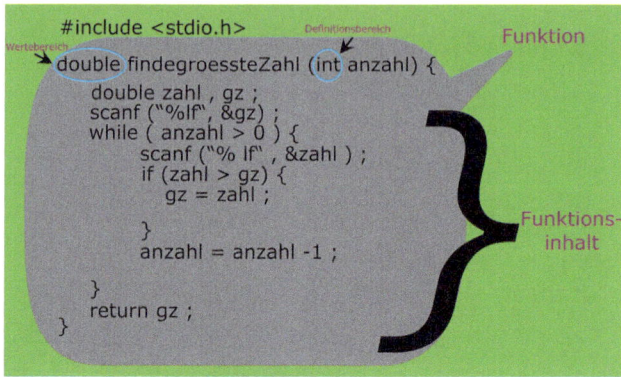

Abb. 8.3 Funktionscode

```
printf("Bitte geben Sie nacheinander die Punkte
ein:\n");
hoechstepunkte=findegroessteZahl(i);
printf("Die hoechste Punktzahl ist %lf.\n", hoechstepunkte);
return 0;
}
```

Vergleichen wir diese Funktion mit der mathematischen Definition einer Funktion, sieht man, dass alle Begriffe aus der Abb. 8.1 auch in Abb. 8.3 vorkommen.

Funktionen sind nützlich, wenn man

- Programmcode *mehrfach* nutzen will, ohne ihn mehrmals abzutippen, und
- größere Aufgaben wegen der *Übersichtlichkeit* in kleinere Teilaufgaben zerlegen möchte (der Name der Teilaufgabe kann dann z. B. der Funktionsname sein).

Die Funktion f(x) = x hoch 2 kann in C wie folgt definiert werden:

```
double berechneQuadrat(double x){
  return x*x;
}
```

Irgendwo anders kann die Funktion dann z. B. wie folgt benutzt werden:

```
z=4;
y=berechneQuadrat(z);
```

Das Programm unten in Abb. 8.4 mit einer definierten Funktion berechneQuadrat läuft wie folgt ab: Ein Programm beginnt immer mit der Abarbeitung bei der Funktion main. Von main aus werden alle Zeilen weiter nach unten abgearbeitet. Bei

8.1 Grundlegendes

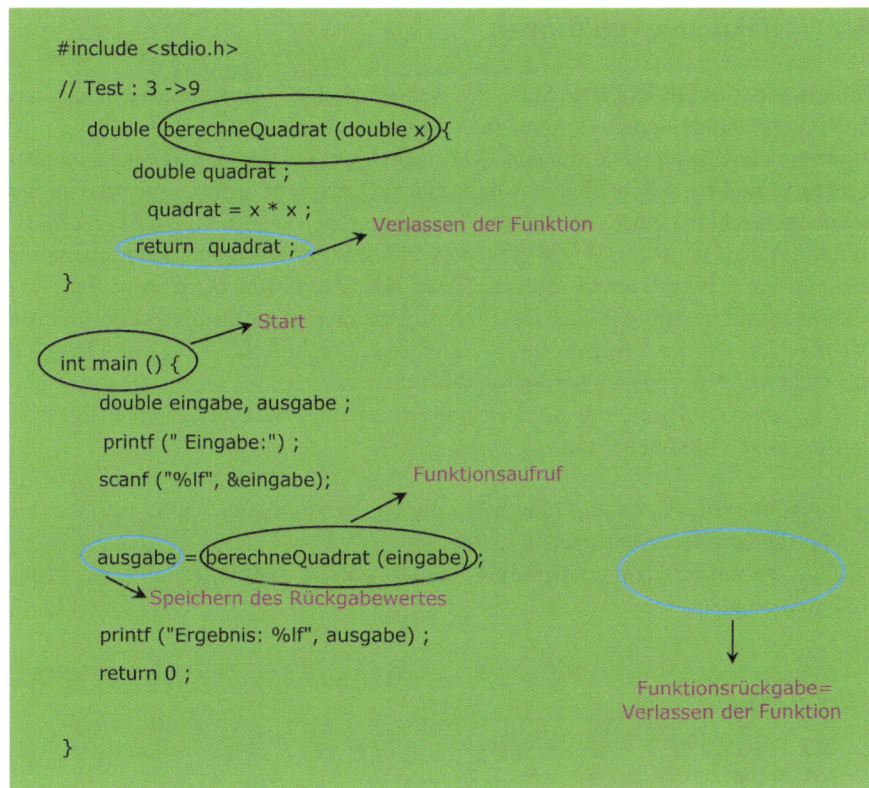

Abb. 8.4 Aufruf einer Funktion

Aufruf der Funktion berechneQuadrat wird der Code innerhalb der Funktion mit eingabe x abgearbeitet. Gelangt man innerhalb der Funktion an einen return-Befehl, wird zurück ins Hauptprogramm gesprungen, wobei der Wert der Variablen quadrat aus der Funktion der Variablen ausgabe im Hauptprogramm zugewiesen wird. Von da an wird das Hauptprogramm bis zu seinem return-Befehl abgearbeitet.

Die Funktion wird immer beim ersten return, das erreicht wird, verlassen (es kann auch mehrere returns geben).

Die Variable quadrat nennt man lokale Variable, da es sie nur innerhalb der Funktion berechneQuadrat gibt.

Eine Funktion muss deklariert werden, bevor sie das erste Mal benutzt wird, entweder als

- komplette Funktion mit Inhalt oder als
- Prototyp durch die Signatur: Typ_vom_Ausgabeparameter Funktionsname (Liste der Eingabeparameter mit Typ).

8.2 Rekursive Funktionen

Minesweeper ist ein sehr altes Spiel, das wahrscheinlich jeder kennt. Wenn man das Spiel programmieren müsste, käme man sehr schnell auf die Idee, dies *rekursiv* umzusetzen, ohne dass man je von dem Wort gehört hat. Bei der binären Suche und bei Quicksort sind wir schon rekursiv vorgegangen. Dort wurde etwas immer und immer wieder gemacht mit einer verkleinerten Eingangsgröße/-menge, bis ein Abbruchskriterium erreicht wurde, z. B. ein gesuchtes Element gefunden oder keine Elemente mehr da waren beim Suchen oder eine Einer- oder Zweierliste beim Sortieren.

Eine russische Matroschka ist rekursiv aufgebaut, mittendrin gibt es eine kleinste Matroschka, wo der Drechsler mit Verkleinern aufgehört hat, weil sein Geschick das nicht mehr hergegeben hat, siehe Abb. 8.5.

Auch das Gebilde in Abb. 8.6, der Pythagorasbaum, ist rekursiv aufgebaut.

Rekursive Funktionen sind

- Funktionen, die sich selbst innerhalb ihrer eigenen Funktion wieder aufrufen, bis ein *Abbruchskriterium* erreicht wurde.
- *Jede* Funktion kann sich selbst immer wieder aufrufen, *nur* die main-Funktion nicht.

Abb. 8.5 Matroschka

Abb. 8.6 Pythagorasbaum

8.2 Rekursive Funktionen

- Jede Rekursion kann auch mit Schleifen realisiert werden (der mathematische Beweis dafür wurde erbracht), aber oftmals ist nicht bekannt wie.
- Rekursive Funktionen sind sehr einfach zu programmieren, da man die mathematisch definierte Formel fast 1 zu 1 in Code umsetzen kann.
- Man sollte rekursive Funktionen dennoch vermeiden, weil sie je nach Rekursionstiefe und Funktionsaufbau oft sehr *speicherintensiv* und *zeitintensiv* sind. Man muss das allerdings manchmal doch tun, wenn keine iterative Umsetzung (mit Schleifen) bekannt ist.

Beispiel iterative Fakultätsberechnung

Das nun folgende ausführliche Beispiel berechnet die Fakultät, die besser iterativ, also mit einer Schleife, berechnet werden sollte. Da aber Rekursion nicht so einfach zu verstehen ist, passt dieses einfache Beispiel sehr gut.

Die Fakultät (bei der Berechnung des Sinus z. B. benötigt) wird ohne Rekursion wie folgt berechnet: n! = 1*2*3*4*...*(n − 1)*n, wobei gilt 0! = 0.

Der Programmcode für diese Berechnung könnte wie folgt aussehen:

```
//Test: Eingabe 5 Ausgabe 120
#include<stdio.h>
int main(){
 //Deklaration
 int i;
 double ergebnis=1;
 //Deklaration und Initialisierung
 int n=5;
 //Schleife
 for(i=1;i<=n;i=i+1){
    ergebnis=ergebnis*i;
 }
 //Ausgabe einer Gleitkommazahl ohne Nachkommastellen
 printf("%i! = %.0lf",n,ergebnis);
 return 0;
}
```

Hier der Programmcode der Fakultät ohne Rekursion aber mit einer Funktion:

```
//Test: Eingabe 5 Ausgabe 120
double berechneFakultaet(int n){
 double ergebnis=1;
 int i;
 for(i=1;i<=n;i=i+1){
    ergebnis=ergebnis*i;
 }
 return ergebnis;
```

```
}
int main(){
 double wert;
 int n=5;
 printf("Bitte geben Sie eine Zahl ein: ");
 scanf("%i",&n);
 //Aufruf der Funktion
 wert=berechneFakultaet (n);
 printf("%i! = %.0lf",n,wert);
 return 0;
}
```

Die Fakultät kann man rekursiv wie folgt berechnen (solche Formeln kann man in Büchern und bei Wikipedia finden):

$$n! = \begin{cases} 1 & \text{für } n = 0 \\ n \cdot (n-1)! & \text{für } n > 0 \end{cases}$$

Der Programmcode der rekursiven Formel sieht wie folgt aus:

```
//Test: Eingabe 5 Ausgabe 120
double berechnerekursivFakultaet(int n){
 //Abbruchsbedingung
 if(n==0){return 1;}
 //rekursiver Aufruf
 return n*berechneFakultaet(n-1);
}
int main(){
 double ergebnis;
 int n=5;
 ergebnis=berechnerekursivFakultaet (n);
 printf("%i! = %.0lf",n,ergebnis);
 return 0;
}
```

Wenn man sich den Code ansieht, fällt auf, wie ähnlich er der mathematischen Formel weiter oben ist. Abgearbeitet wird der Programmcode wie in Abbildung sichtbar 8.7, wenn die Funktion fakultaet hieße: fakultaet(5) =

Also sehr umständlich! ◄

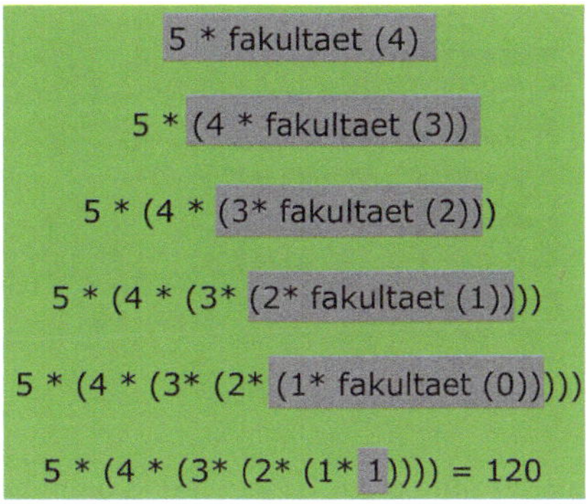

Abb. 8.7 Abarbeitung einer rekursiven Funktion

```
5 * fakultaet (4)

5 * (4 * fakultaet (3))

5 * (4 * (3* fakultaet (2)))

5 * (4 * (3* (2* fakultaet (1))))

5 * (4 * (3* (2* (1* fakultaet (0)))))

5 * (4 * (3* (2* (1* 1)))) = 120
```

Vor- und Nachteile von Rekursion
- Iterative Algorithmen haben keine großen Anforderungen an den Rechner, aber nicht für alle lösbaren Probleme ist der iterative Lösungsweg bekannt (obwohl man weiß, dass es ihn gibt).
- Iterative Algorithmen sind oft sehr komplex und unübersichtlich.
- Rekursive Algorithmen sind in der Regel sehr einfach und kurz für unser Auge lesbar, aber nicht zum Berechnen mit dem Rechner (oft sehr hohe Speicherauslastung bis hin zu Speichermangel, wo der Rechner „stehen bleibt").

8.3 Zusammenfassung

Wozu gibt es Funktionen?

- Um größere Aufgaben wegen der Übersichtlichkeit in kleinere Teilaufgaben zu zerlegen (eventuell Name der Teilaufgabe = Funktionsname).

Wie sehen Funktionen aus?

- Typ_vom_Ausgabeparameter Funktionsname(Liste der Eingabeparameter mit Typ){//Funktionsbeschreibung …}

8.4 Übungen

Aufgabe 1: (erste eigene Funktion)
Implementieren Sie eine Funktion, die den Absolutbetrag einer Zahl berechnet! Testen Sie Ihre Funktion in einem Hauptprogramm.

Aufgabe 2: (rekursive Funktionen, Verstehen der Vor- und Nachteile)
Der Mönch Fibonacci fand im 11. Jahrhundert heraus, dass die Häschenvermehrung nach der Formel weiter unten erfolgt. Dafür machte er Experimente über viele Monate und zählte jeden Monat die Menge an Häschen, die er hatte. Begonnen

Abb. 8.8 Häschenvermehrung

hat er mit einem Häschen und dann noch einem, setzte die beiden zusammen, und dann wartete er einfach nur noch ab, und es ergab sich eine Häschenvermehrung wie in Abb. 8.8.

Schreiben Sie ein Programm, das die n-te (z. B. n = 45, n = 50) Fibonaccizahl rekursiv berechnet, wie folgt:

$$f(n) = f(n-1) + f(n-2) \quad \text{für} \quad n > 2$$
$$f(1) = f(2) = 1$$

Was fällt Ihnen bei wachsendem n, z.B. bei n=50, auf?

Fragen
1. Wie viele Werte kann eine Funktion zurückgeben?
   A) 3
   B) 2
   C) 1
2. Was stimmt?
   A) Rekursive Funktionen sind IMMER auch iterativ lösbar.
   B) Rekursive Funktionen sind OFT auch iterativ lösbar.
   C) Rekursive Funktionen sind NICHT iterativ lösbar.
3. Was ist schlecht an Rekursion?
   A) Programmcode sehr schlecht lesbar
   B) langer Programmcode
   C) schlechte Performance
4. Wo müssen Funktionen in C definiert sein?
   A) vor dem ersten Aufruf
   B) nach der main-Funktion
5. Wie rechnet der Computer bei folgender Funktion für n = 4: int fak(int n) {if(n == 0)return 1;else return n*f(n − 1;}?
   A) 0*(1*(2*(3*fak(4))))
   B) 4*(3*(2*(1*fak(0))))
   C) 1*(2*(3*fak(4)))
6. Wie sehen die ersten Zahlen der Folge (Hofstadters G-Folge) G(n) = n − G(G(n − 1)) mit G(0) = 0 aus?
   A) 0, 1, 1, 2, 3

B) 0, 1, 2, 2, 3
   C) 0, 1, 2, 3, 3
7. Was denken Sie, sind die zwei schwersten Programmierfehler?
   A) Funktion falsch benutzt durch verwirrenden Funktionsnamen
   B) double statt int benutzt
   C) int statt double genutzt
   D) schlechte Variablennamen benutzt
   E) vergessen, den Nenner einer Division auf null zu testen

Richtige Antworten: 1: C, 2: A, 3: C, 4: A, 5: B, 6: A, 7: A,D

Felder 9

9.1 Definition Feld

Ein Feld ist eine Datenstruktur, die man nutzt, wenn man hintereinander Daten vom gleichen Datentyp abspeichern möchte. Man muss allerdings vor der Ausführung des Programms wissen, wie viele Daten vom gleichen Typ man abspeichern möchte. Die Länge eines Feldes ist in C nicht änderbar, wenn das Programm einmal übersetzt ist.

Möchte man ein Feld mit dem Namen feld deklarieren, sieht das im Rechnerspeicher (grau) wie in Abb. 9.1 aus.

```
int feld[5];
```

Wie folgt weist man dem ersten Speicher einen Wert zu, z. B. 5: feld[0] = 5. Möchte man ein Feld bei der Deklaration komplett auf 0 setzen, erreicht man das wie folgt:

```
int feld[6]={0};//alles mit 0 belegt
```

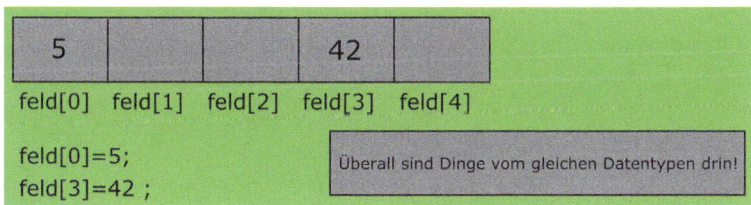

Abb. 9.1 Feld

Abb. 9.2 Deklaration Feld

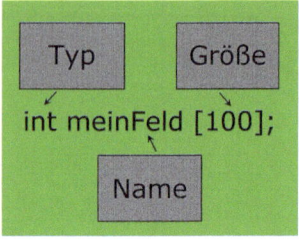

Die Deklaration eines Feldes besteht also aus einem Typ der Feldelemente, einem Namen und der Feldgröße oder Feldlänge wie in Abb. 9.2 dargestellt.

▶ Felder werden von 0 bis Feldgröße n-1 (wenn die Feldgröße n ist) beschrieben oder ausgelesen, das heißt für das Beispiel in der Abb. 9.2, dass meinFeld[0] das erste Element bezeichnet, das letzte Feldelement ist meinFeld[99].

9.2 Warum sind Felder praktisch?

Mit Feldern kann man sehr praktisch Anweisungen in einer for-Schleife über ein Feld laufen lassen, wie z. B. hier bei der Ausgabe von fünf im Speicher hintereinanderliegenden Werten.

```
//alle Speicherplätze anlegen und mit 0 belegen
int zahlen[5]={0};
for(i=0;i<5;i++){
 printf("%i ",zahlen[i]);
}
```

9.3 Mehrdimensionale Felder

Auch höher dimensionale Felder können einfach deklariert und genutzt werden, wie man in Abb. 9.3 sieht.

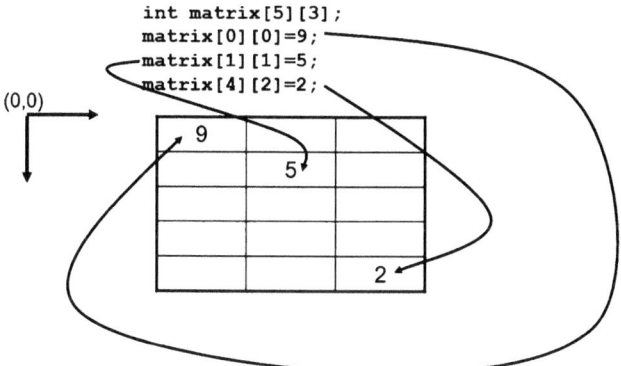

Abb. 9.3 2-Dimensionales Feld

9.4 Übergabe von Feldern in Funktionen

Normalerweise werden Eingabewerte in Funktionen auf neue Speicherplätze abgespeichert bzw. „rüberkopiert", um bei Änderung dieser nicht die Originalwerte zu überschreiben. Ein in der Funktion neu berechneter Wert bzw. Ergebnis wird bei einer Funktion normalerweise über die Rückgabe einer Funktion an den Aufrufer zurückgegeben, z. B. main(). Diese Art der Wertübergabe bei Funktionen nennt man *Call by Value* oder *Arbeit mit Kopien*. Eine andere Art der Wertübergabe ist *Call by Reference* oder *Arbeit mit Adressen*, wo nicht der *Inhalt* eines Speichers an die Funktion übergeben wird, sondern der Ort bzw. die *Adresse* des Speichers im Rechner mit dem Eingabewert selbst. Wenn man dann diesen Wert im Speicher innerhalb der Funktion ändert, ändert man die übergebenen *Originalwerte*. Im zweiten Teil dieses Buches wird auf diese beiden Übergabearten umfangreich eingegangen, weil sie eine große Rolle in C spielen, wodurch man eine große und gefährliche Macht verliehen bekommt (Abb. 11.5).

Felder werden in Funktionen *immer* als Call by Reference übergeben. Also alle Änderungen in den Feldern innerhalb der Funktion werden im Originalfeld vorgenommen.

Beispiel für eine Feldeingabe in einer Funktion:

```
void einlesenFeld(int werte[]){
for(i=0;i<5;i++){
 scanf("%i",&werte[i]);
}
```

Oben werden die einzelnen Feldelemente also nicht einzeln als Wert übergeben, sondern es wird nur die Adresse, wo das erste Element des Feldes abgespeichert ist, übergeben. Das heißt, in der Funktion wird mit den Originalwerten gearbeitet, sie können also in der Funktion verändert (z. B. eingegeben) werden. Im Hauptprogramm sind dann die geänderten Werte verfügbar, ohne dass die Funktion diese zurückgeben muss. Das heißt also, Funktionen übergeben Felder *immer* über Call by Reference:

```
int main(){
 int zahlen[5]={0};
 einlesenFeld(zahlen);//zahlen wird als call by
 reference übergeben
 for(i=0;i<5;i++){
    printf("%i",zahlen[i]);
 }
 return 0;
}
```

9.5 Zusammenfassung

Folgende Aussagen gelten für Felder:

- Durch ein Feld werden mehrere Speicherplätze hintereinander vom gleichen Datentyp im Speicher reserviert.
- Die Anzahl der Speicherplätze muss beim Übersetzen bekannt sein.
- Die Programmiererin oder der Programmierer ist verantwortlich, das Feld nur so weit zu beschreiben, wie es deklariert wurde (ihm also „gehört").
- Felder beginnen immer beim Index 0.
- Felder sollte man in Schleifen wie folgt programmieren: **for(i=0;i<feldgroesse;i++){...}**
- Man sollte immer Angst vor Buffer-Overflow haben, wenn man Felder deklariert. Also Angst davor haben, dass man auf Speicher Werte schreibt, der einem eigentlich nicht gehört. Tut man das, können verschiedene Ereignisse passieren:
  – keine,
  – irgendwann ein Rechnerabsturz,
  – Weiterarbeit mit falschen Werten oder andere völlig unerwartete, überraschende Effekte.

9.6 Übungen

Aufgabe 1: Was wird hier ausgegeben?

```
int main(){
 int zahlenfeld[3]={1,2,3};
 char zeichenfeld[4]={'A','B','C','D'};
 printf("Zahlenfeld[0] = %i\n",zahlenfeld[0]);
 printf("Zahlenfeld[2] = %i\n",zahlenfeld[2]);
 zahlenfeld[1]=88;
 printf("Zahlenfeld[1] = %i\n",zahlenfeld[1]);
 printf("Zeichenfeld[1] = %c\n",zeichenfeld[1]);
 printf("Zeichenfeld[3] = %c\n",zeichenfeld[3]);
 printf("Zeichenfeld[8] = %c\n",zeichenfeld[8]);
 return 0;
}
```

Aufgabe 2: Schreiben Sie ein Programm, das Skatkarten mischt und dann ausgibt. Vertauschen Sie dafür mehrmals zwei Karten zufällig miteinander. Das Mischen soll in einer Funktion stattfinden.
  Beispielausgabe: Ass,7,8,10,9,Bube,Dame,König

Tipp Googlen Sie, wie man Zufallszahlen in C erzeugt.

Fragen
1. Was stimmt für Felder?
   A) Größe kann jederzeit geändert werden.
   B) Größe muss vorm Übersetzen festgelegt sein.
   C) Größe kann eine Variable sein, die mit scanf eingelesen werden kann.
2. Wie werden Felder in Funktionen übergeben?
   A) Übergabe aller Adressen der Feldelemente
   B) Übergabe aller Werte
   C) Übergabe des ersten Wertes des Feldes
   D) Übergabe der Adresse des ersten Feldelements

3. Was stimmt?
   A) Felder können während der Programmausführung vergrößert werden. Bei Verkleinerungen von Feldern kann der frei gewordene Speicherplatz allerdings nicht vom Betriebssystem genutzt werden. Dies ist erst nach Programmende möglich.
   B) Felder können während der Programmausführung vergrößert und verkleinert werden.
   C) Felder können während der Programmausführung nicht vergrößert werden. Werden sie aber nicht vollständig genutzt, kann das Betriebssystem diese Speicherplätze an andere Programme vergeben.
   D) Felder können nicht während der Programmausführung größenmäßig verändert werden. Beim Übersetzen wird die Größe festgelegt.

Richtige Antworten: 1: B, 2: D, 3: D

Beispiel zum Mitmachen 10

In diesem Kapitel schlage ich folgendes Vorgehen vor. Ich halte mich an Kap. 7 (Programmieren allein zu Hause). Es wird Übungen geben, wonach mein Vorschlag gezeigt wird, der nicht besser sein muss als Ihrer! Wenn Sie manchmal nicht mehr weiterwissen, empfehle ich ein Schläfchen oder eine andere Tätigkeit (Zähne putzen, spazieren gehen ...), jedenfalls nicht aufgeben oder WEITER in diesem Kapitel klicken. Für die Fehlerforrektur von Fehlern, die der Compiler findet, sehen Sie zuerst im Abschn. 7.1 unter Typische Anfängerfehler nach, ob Sie dort etwas Hilfreiches finden.

10.1 Flussdiagramm

Das Spiel läuft wie folgt ab:

1. 13 Spielkarten von 2, 3 usw. bis König, As werden gemischt, wonach sie nicht mehr in der richtigen Reihenfolge (2,3,4,5,6,7,8,9,10,Bube,Dame,König,As) sind.
2. Die erste Karte wird aufgedeckt.
3. Der Spieler rät, ob die nächste Karte höher oder tiefer als die sichtbare Karte bzgl. der geordneten Reihenfolge ist.
4. Wenn richtig geraten wurde, d. h. die nächste Karte wirklich höher oder tiefer ist, als eingegeben wurde, wird die nächste Karte aufgedeckt, ansonsten ist das Spiel zu Ende.
5. Dieses Spiel geht so lange, bis die Reihenfolge aller Karten richtig erraten wurde oder das Spiel ein abruptes Ende gefunden hat, weil einmal falsch geraten wurde.

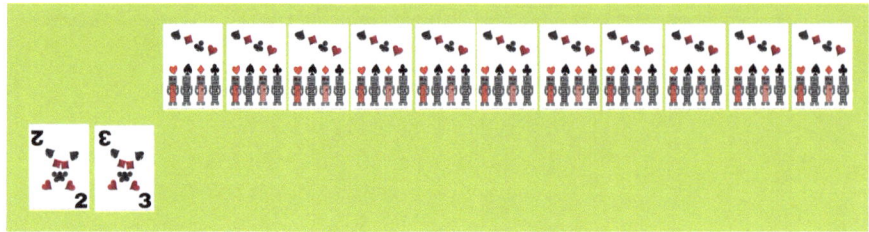

Abb. 10.1 Kartenansicht

Beispiel Kartenspiel

- Verdeckte Karten: xxxxxxxxxxxxx
- Aufdecken der ersten Karte: 2xxxxxxxxxxxx
- Ist die nächste Karte größer > oder kleiner <?
- Eingabe: >
- Aufdecken der nächsten Karte: 23xxxxxxxxxxx
- Ist die nächste Karte größer > oder kleiner <?
- Eingabe: <
- Aufdecken der nächsten Karte: 23Assxxxxxxxxx
- Ausgabe: Verloren ◄

Übung

Zeichnen Sie ein Flussdiagramm für obiges Spiel bzw. Algorithmus! Auf der nächsten Seite kann man einen Vorschlag sehen.

In Abb. 10.1 sieht man einen Vorschlag für ein Flussdiagramm.

10.2 Wie kommt man vom Flussdiagramm zum Programm?

Nach Kap. 7 versuche ich zu verstehen, was die Aufgabe ist, was das Programm also machen soll.

1. Dies schreibe ich als erste Zeile in mein Programm oben rein hinter Kommentarstriche:

   ```
   //Irene Rothe
   //Programmierung vom Spiel Bube Dame Hoerig
   ```

2. Ich denke mir einen Testfall aus, wie ich das Programm, wenn es fertig ist, testen könnte. Ein möglicher Spielverlauf (Testfall) ist in Abb. 10.3 zu sehen.

10.2 Wie kommt man vom Flussdiagramm zum Programm?

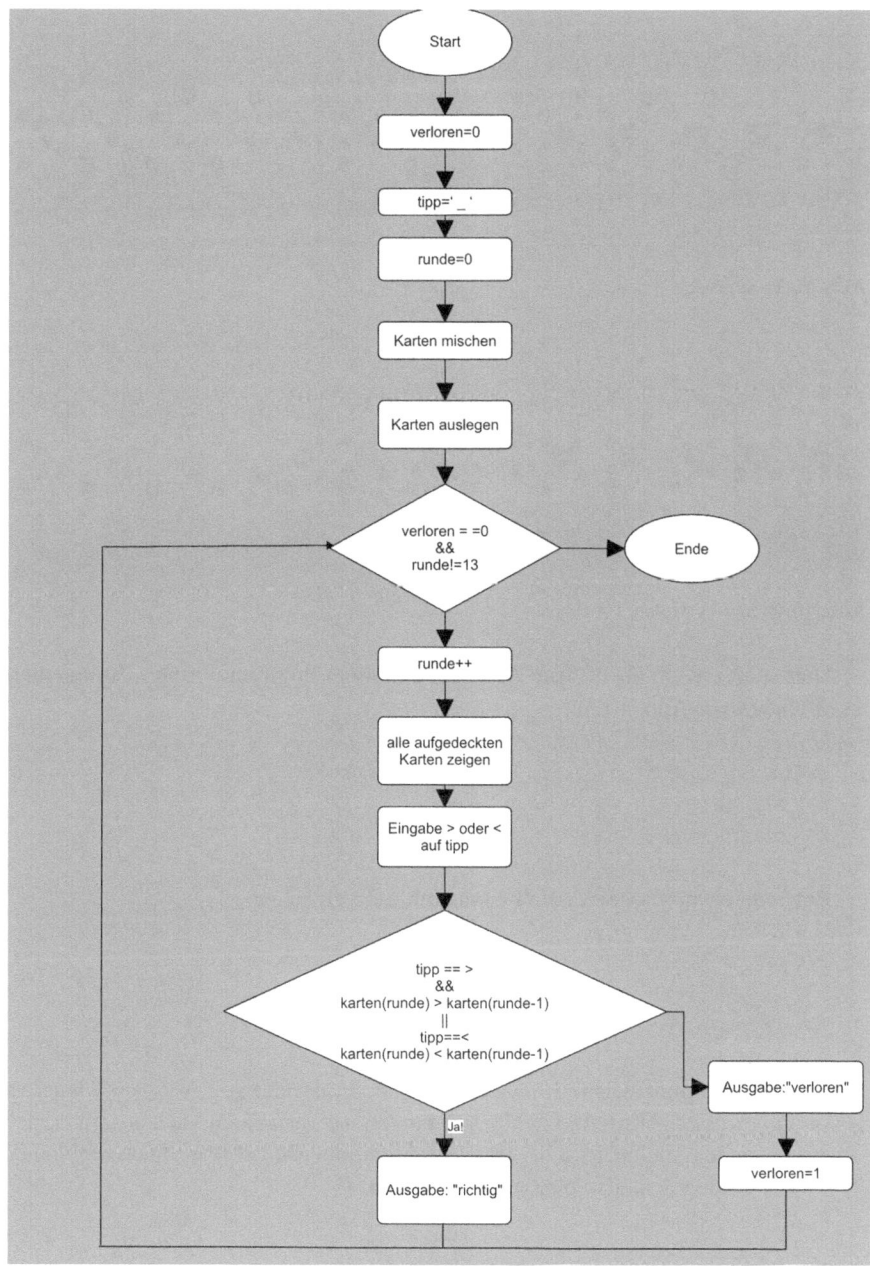

Abb. 10.2 Flussdiagramm fürs Spiel

Abb. 10.3 Spiel gewonnen

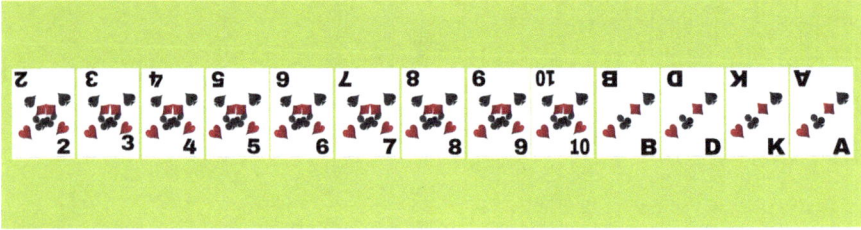

Abb. 10.4 Spiel verloren

Dies schreibe ich als nächste Zeile oben in mein Programm hinter Kommentarstriche (siehe Abb. 10.3):

```
//Test1: 2 3 4 5 6 7 8 9 10 Bube Dame Koenig Ass
//Eingabe: >>>>>>>>>>>>>
//Ausgabe: Gewonnen
```

Ein anderer möglicher Testfall ist in Abb. 10.4 zu sehen.

```
//Test2: 2 3 Ass 5 6 7 8 9 10 Bube Dame Koenig 4
//Eingabe >><
//Ausgabe: Verloren
```

3. Ich überlege mir, welche Eingaben es geben muss und von welchem Datentyp sie sein müssen. Weiterhin denke ich mir schöne Variablennamen aus, in die ich die Eingaben speichern will. Im Flussdiagramm sind schon sinnvolle Namen verwendet worden, also bleibe ich bei denen:

```
int anzahlKarten=13;
int verloren=0;
char tipp=' ';//Eingabe von > oder <
int runde=0;
int karten[]={2,3,4,5,6,7,8,9,10,11,12,13,14};
```

Kommentare brauche ich hier eigentlich gar nicht, weil die Variablennamen schon sehr selbsterklärend sind.

10.2 Wie kommt man vom Flussdiagramm zum Programm?

4. Ich überlege mir, welche Ausgaben mein Programm haben soll. In dem Fall dieses Spiels sind das nur Texte, die kann man auch gleich programmieren:

```
printf("Richtig!\n");
printf("Verloren!");
```

5. Ich programmiere die Eingaben:

```
printf("\nIst die naechste Karte groesser > oder kleiner
 <?\n");
scanf("%c",&tipp);
fflush(stdin);//Weglöschen vom Enter
```

6. Jetzt programmiere ich den Rest ganz einfach, indem ich meinem Flussdiagramm folge, dort nach Schleifen und Verzweigungen suche und alles andere als normale Anweisungen programmiere.
In meinem Flussdiagramm gibt es zwei Rauten, wobei die erste Raute eine Schleife ist, weil es zwei Pfeile gibt, die die Raute verlassen, einen, der in die Raute reinführt und einen, der an die Raute links heranführt, siehe Abschn. 6.5 kopfgesteuerte while-Schleife.
Die andere Raute ist eine Verzweigung, da eine Spitze der Raute im Flussdiagramm frei geblieben ist, siehe Abschn. 6.3 if/else-Konstrukt.
Also:
- Die erste Raute beschreibt als Schleifenabfrage die große Spielschleife, die endet, wenn man verloren hat oder alle Karten aufgedeckt wurden, man also bis zur 12. Runde erfolgreich gespielt hat.
- Da man in der Programmierung alle Fragen so formulieren muss, dass sie mit Ja beantwortet werden, wenn man *in der* Schleife bleiben will, muss man hier die Frage umgedreht formulieren, z. B. wie folgt: Das Spiel soll weitergehen, wenn man nicht verloren hat (also die Variable verloren noch auf dem Wert 0 steht) UND wenn noch Runden möglich sind (also noch nicht auf 13 hochgezählt wurde):

  ```
  while(verloren==0 && runde!=13){ }
  ```

- Die Verzweigung (zweite Raute im Flussdiagramm) entscheidet, ob man richtig geraten hatte. Ist das der Fall, geht es weiter zur nächsten Runde, ansonsten hat man verloren und man „fliegt" aus der obigen großen Spielschleife raus, und das Spiel ist zu Ende. Richtig geraten hat man, wenn der eingegebene Tipp zur nächsten Karte in der verdeckt liegenden Kartenreihe passt. Wenn also tipp=='>' && karten[runde]>karten[runde-1] ODER (in C: ||) tipp=='<' && karten[runde]<karten[runde-1] ist. Programmiert sieht das wie folgt aus:

  ```
  if((tipp=='>'&&karten[runde]>karten[runde-1])
    ||((tipp=='<')&&(karten[runde]<
    karten[runde-1]))){
  ```

```
    printf("Richtig!\n");
 }
 else{
  printf("Verloren!");
  verloren=1;
 }
```

- Zusammengebastelt könnte das Programm nun wie folgt aussehen:

```
//Irene Rothe
//Programmierung vom Spiel Bube Dame Hoerig
//Test1: 2 3 4 5 6 7 8 9 10 Bube Dame Koenig Ass
//Eingabe: >>>>>>>>>>>>
//Ausgabe: Gewonnen
//Test2: 2 3 Ass 5 6 7 8 9 10 Bube Dame Koenig 4
//Eingabe: >>>
//Ausgabe: Verloren
#include<stdio.h>
#include<stdlib.h>
#include<time.h>
int main(){
 int anzahlKarten=13;
 int verloren=0;
 char tipp=' ';
 int runde=0;
 int karten[]={2,3,4,5,6,7,8,9,10,11,12,13,14};
 //Karten mischen
 //Karten ausgeben
 //grosse Spielschleife
 while (verloren==0 && runde!=13){
    runde++;
    //Karten ausgeben
    //Tipp eingeben
    if((tipp=='>' && karten[runde]>karten[runde-1])
||(tipp=='<' && karten[runde]<
       karten[runde-1])){
       printf("Richtig!\n");
   }
   else{
       printf("Verloren!");
       verloren=1;
   }
 }
 return 0;
}
```

10.2 Wie kommt man vom Flussdiagramm zum Programm?

- Auf dem Flussdiagramm sind damit folgende Teile abgehakt, weil sie schon programmiert wurden, siehe Abb. 10.5.

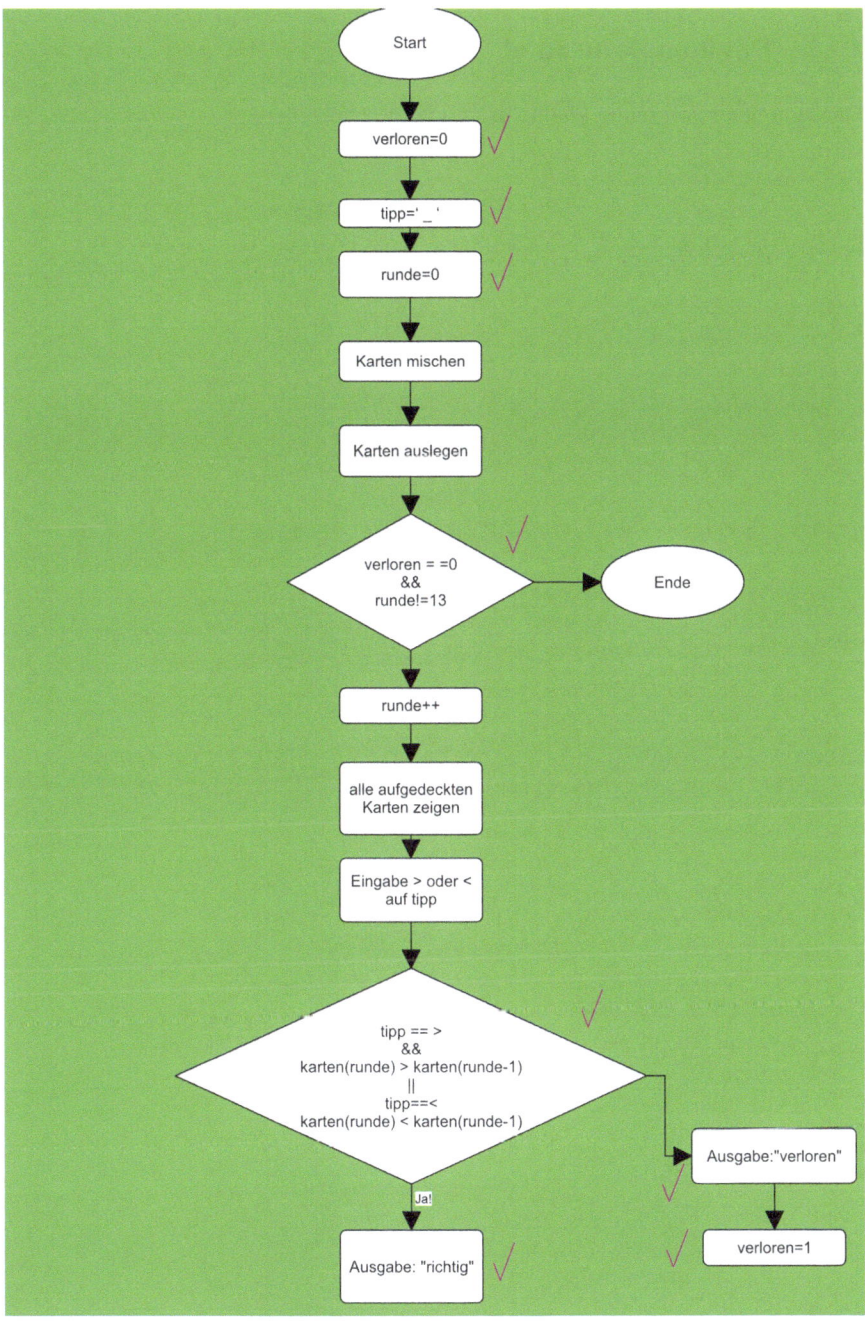

Abb. 10.5 Abgehaktes Flussdiagramm fürs Spiel

- Funktionen wie das Mischen übernimmt man aus der Übungsaufgabe 2 im Kap. 10 Felder. Die ausgabe-Karten-Funktion kann man mit dem switch-Konstrukt, erklärt im Abschn. 7.2 switch-Konstrukt, programmieren.

10.3 Das komplette Spiel

Das komplette Programm könnte dann wie folgt aussehen:

```
//Irene Rothe
//Programmierung vom Spiel Bube Dame Hoerig
//Test1: 2 3 4 5 6 7 8 9 10 Bube Dame Koenig Ass
//Eingabe: >>>>>>>>>>>>>>
//Ausgabe: Gewonnen
//Test2: 2 3 Ass 5 6 7 8 9 10 Bube Dame Koenig 4
//Echte >>>
//Ausgabe: Verloren
#include<stdio.h>
#include<stdlib.h>
#include<time.h>
void ausgebenKarten(int feld[], int feldlaenge){
 int i;//lokale Variable
 for(i=0;i<feldlaenge;i++){
 switch(feld[i]){
   case 11: printf("Bube ");break;
   case 12: printf("Dame ");break;
   case 13: printf("Koenig ");break;
   case 14: printf("Ass ");break;
   default: printf("%i ",feld[i]);break;
 }
  }
}
void mischenKarten(int feld[], int feldlaenge){
    //Start Zufallszahlengenerator abhaengig von der Zeit
    //darf nur einmal pro Programm aufgerufen werden!!
    srand (time(NULL));
    //Erzeugung einer Zufallszahl zwischen 0 und max-1
    int zufall;
    int hilfsvariable;
    int i;
    for(i=0;i<13;i++){
        zufall=rand()%8;
```

10.3 Das komplette Spiel

```
            hilfsvariable=feld[i];
            feld[i]=feld[zufall];
            feld[zufall]=hilfsvariable;
      }
}
int main(){
 int anzahlKarten=13;
 int verloren=0;
 char tipp=' ';
 int runde=0;
 int karten[]={2,3,4,5,6,7,8,9,10,11,12,13,14};
 ausgebenKarten(karten,anzahlKarten);//wird auskommen
 tiert, wenn das Programm
 genügend getestet wurde
 printf("\n");
 mischenKarten(karten,anzahlKarten);
 ausgebenKarten(karten,anzahlKarten);
 printf("\n");
 //grosse Spielschleife
 while(verloren==0 && runde!=13){
      runde++;
      ausgebenKarten(karten,runde);
      printf("\nIst die naechste Karte groesser > oder
 kleiner <?\n");
      scanf("%c",&tipp);
      fflush(stdin);//Weglöschen vom Enter
      //hier runde
      if((tipp=='>'&&karten[runde]>karten[runde-1])
 ||(tipp=='<'&&karten[runde]<
 karten[runde-1])){
            printf("Richtig!\n");
      }
      else{
            printf("Verloren!");
            verloren=1;
      }
 }
 if(verloren==0){
          printf("Herzlichen Glueckwunsch! Gewonnen!");
 }
 return 0;
}
```

10.4 Testung des Spiels

Folgende Spielverläufe müssen getestet werden:

- Alle Karten richtig erraten → Gewonnen
- Fehler bei der 2. Karte → Verloren
- Fehler bei der 3. Karte → Verloren
- Fehler bei der letzten Karte → Verloren

Da man bei dem jetzigen Spiel sich die Kartenfolge anzeigen lässt, ist das Testen einfach möglich, weil man ja die wirkliche Kartenfolge somit kennt.

Fallen alle Tests positiv aus, kann man Kommentarstriche vor die ausgebenKarten-Funktion nach dem Mischen setzen und nun das Spiel mal wirklich selbst spielen ohne Sicherheitsnetz.

Viel Erfolg oder besser Glück!

Zeiger 11

Zeiger sind spezielle Variablen, auf denen man ganze Zahlen speichern kann, die aber als *Adressen* von Speicherplätzen interpretiert werden. Das heißt, andere Operationen als mit ganzen Zahlen (+, −, *...) stehen nun zur Verfügung, wie z. B.

- ++, was „eine Adresse weiter" bedeutet, oder
- *, womit man auf den *Inhalt* der Adresse, die in der Zeigervariable gespeichert ist, zugreifen kann, oder
- &, womit die Adresse einer Variablen angesprochen werden kann.

Mit Zeigern kann man praktische Sachen machen, wie Feldübergaben an Funktionen, ohne alles zu kopieren. Man kann mehr als nur einen Wert in einer Funktion nach außen sichtbar ändern oder Listen definieren.

Im Englischen werden Zeiger **Pointer** genannt, weshalb in diesem Kapitel oft auch ein Variablenname mit einem p am Anfang gewählt wird, was auf p wie Pointer hinweisen soll.

11.1 Motivation für Zeiger

Möchte man eine Funktion definieren, die zwei Werte a und b tauscht, geht das mit einer allgemein üblichen Funktion wie in der Abb. 11.1 *nicht*. Die Vertauschung von a und b wird nur lokal *innerhalb* der Funktion durchgeführt. Außerhalb der Funktion wurden die Werte nicht getauscht, siehe Abb. 11.1. Man kann mit einer Funktion nur *einen* Wert zurückgeben.

Rechts in Abb. 11.1 sieht man den beispielhaften Speicher eines Rechners, wo man sieht, wie die Werte a und b lokal innerhalb der Funktion bei der Ausführung gespeichert sein könnten. Dort kann man die Werte a = 42 und b = 17 auch tauschen, sodass nach dem Tausch auf a die 17 steht und auf b die 42. Auf die Werte a und b im Hauptprogramm hat dieser Tausch allerdings keinen Einfluss. Da man nur *einen*

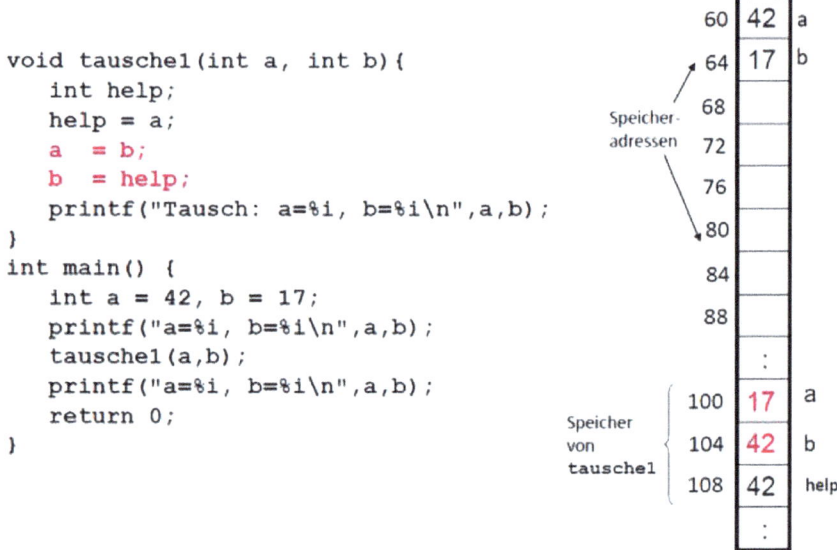

```
void tausche1(int a, int b){
   int help;
   help = a;
   a    = b;
   b    = help;
   printf("Tausch: a=%i, b=%i\n",a,b);
}
int main() {
   int a = 42, b = 17;
   printf("a=%i, b=%i\n",a,b);
   tausche1(a,b);
   printf("a=%i, b=%i\n",a,b);
   return 0;
}
```

Abb. 11.1 Versuch des Tausches von zwei Werten in einer Funktion

Wert in einer Funktion zurückgeben kann, könnte man höchstens erreichen, dass a und b beide 17 oder beide 42 sind, wenn man a oder b zurückgibt. Das ist aber nicht das Ziel.

Mit Zeigern ist es nun möglich, eine Tauschfunktion zu definieren, indem man die *Adressen* der Werte a und b in **Zeigervariablen** übergibt. Auf diese Beispielfunktion arbeiten wir in den folgenden Kapiteln hin.

11.2 Definition Zeiger

Jede Variable ist im Rechner unter einer Adresse abgespeichert. In der Regel will man mit dieser Adresse nichts zu tun haben. Aber manchmal doch!

Folgendes Programm definiert einen Zeiger, dem die Adresse einer Variablen zugewiesen wird. Danach wird über den Zeiger und die *-Operation der Wert der Variablen geändert:

```
#include<stdio.h>
 int main(){
 int a;//Deklaration einer Variablen für eine ganze
 Zahl
 int *zeiger_auf_a;//Deklaration einer Variablen,
 die die Adresse einer ganzen
 Zahl speichern kann
 zeiger_auf_a=&a;//zeiger_auf_a "zeigt auf a", das
 heißt zeiger_auf_a speichert
```

11.2 Definition Zeiger

```
                     die Adresse von a
a=7;//Wertzuweisung auf a
*zeiger_auf_a=42;//in den Speicher, auf den
zeiger_auf_a zeigt, wird 42
geschrieben
printf("%i",a);//Ausgabe von a
return 0;
}
```

Im obigen Programm wird eine 42 ausgegeben. Der *-Operator bedeutet Folgendes: *Inhalt* der Adresse, die auf der Zeigervariable gespeichert ist. Man kann auch sagen, der Zeiger (hier zeiger_auf_a) „zeigt" auf einen Speicherplatz (hier a).

In Abb. 11.2 noch mal eine Darstellung eines Speicherplatzes in einem Rechner. Alle Speicherplätze sind über Adressen erreichbar, die das installierte Betriebssystem verwaltet.

Links sieht man die Variable a vom Typ **int**, mit der Adresse (&a) 123456. Rechts sieht man eine Zeigervariable pa mit dem Wert 123456, die auf die Variable a zeigt. Die Zeigervariable ist vom Typ **int ***, weil auf ihr die Adresse einer ganzen Zahl gespeichert werden soll. Will man mit dem Zeiger pa auf den Inhalt der Adresse 123456 zugreifen, geht das mit dem *-Operator.

Einen Zeiger kann man sich vorstellen wie ein Ticket für ein Konzert, wo die Sitzplatznummer auf dem Ticket steht. Das Ticket ist nicht der Platz selbst, wo man drauf sitzen kann. Er „zeigt" nur auf den eigentlichen Platz. Siehe dazu Abb. 11.3.

Abb. 11.2 Zeiger und Variable im Rechnerspeicher

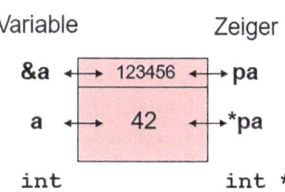

Abb. 11.3 Ticket versus Sitzplatz

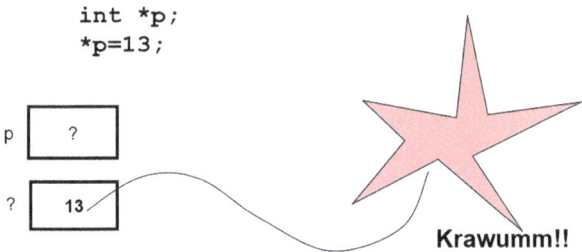

Abb. 11.4 Vergessene Wertzuweisung bei Zeigern

11.3 Hauptfehler beim Umgang mit Zeigern

Vergisst man, Zeigervariablen eine Adresse zuzuweisen, können schlimme Dinge passieren – in der Regel der Absturz des Programmes. In seltenen Fällen kann auch ein Systemabsturz erfolgen. Siehe dazu Abb. 11.4.

Der Zeiger p im obigen Bild zeigt irgendwohin, d. h., auf ihm steht ein beliebiger Wert, der im Speicher dort eben zufällig steht. Will man dann einen Wert in den Speicher via *p schreiben, schreibt man auf einen Speicherplatz, den man nicht reserviert hat, der einem also nicht gehört. Das Betriebssystem passt in der Regel auf und erlaubt so etwas nicht und beendet das Programm mitten in der Ausführung.

11.4 Zeiger und Funktionen

Coco aus St. Augustin möchte, dass ihr Freund Herr Funktion, der bald Urlaub in den USA macht, eine günstige Jeans für sie in dort kauft, siehe Abb. 11.5.

Herr Funktion ist in die USA geflogen und hat die Jeans gekauft. Die Frage ist nun, wie Coco die Besorgung erhält. Eine Möglichkeit ist wie folgt:
Herr Funktion fliegt zurück und bringt die Besorgung zu Coco.
In C würde das wie folgt aussehen:

```
UebergabeDerBesorgung=HerrFunktion(Besorgung);
```

Coco muss also warten, bis Herr Funktion zurückkommt. Eine zweite Möglichkeit ist die folgende: Herr Funktion nimmt die Adresse von Coco mit und schickt ihr die Besorgung, so muss er kein schlechtes Gewissen haben, wenn er noch eine Weile in den USA bleibt und Coco auf ihre Jeans warten lässt.

In C sieht das wie folgt aus:

```
HerrFunktion(&Besorgung);
```

Abb. 11.5
Motivationsbeispiel für
Zeiger und Funktion

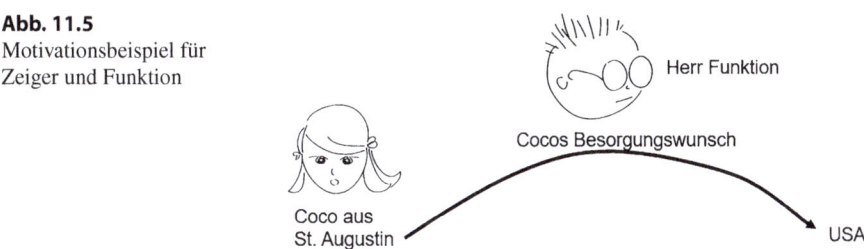

Hier ein Video, das diesen Sachverhalt noch einmal genau erklärt:

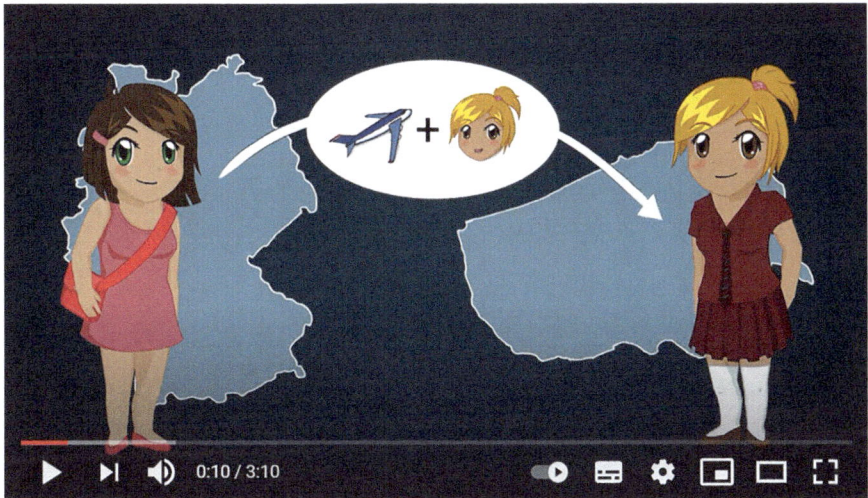

Coco startet mit der C Programmierung Teil 5 - Sinnvoller Einsatz von Zeigern

Sinnvoller Einsatz von Zeigern: https://www.youtube.com/watch?v=laphh6vagb8

11.5 Definitionen: Call by Value und Call by Reference

Übergibt man einer Funktion Variablen, nennt man diese Übergabe **Arbeit mit Kopien**, weil nur Kopien der Werte weiterverarbeitet werden und die Originalwerte nicht verändert. Im Englischen nennt man solche Funktionsaufrufe: **Call-by-Value-Aufrufe.**

Übergibt man Funktionen hingegen Zeiger, nennt man dies **Arbeit mit Adressen** oder in Englisch **Call by Reference**. Werden an Funktionen Adressen von Variablen übergeben, arbeitet die Funktion mit den Originalwerten und verändert sie.

11.6 Zurück zur Tauschfunktion

Mithilfe von Zeigern ist es nun möglich, eine Funktion zu definieren, die wirklich zwei Werte tauscht, siehe Abb. 11.6.

Der Funktion tausche2 werden nun die Adressen von a und b übergeben, also tauscht die Funktion die Originalwerte von a und b. Deshalb sind die Werte im Hauptprogramm dann auch wirklich getauscht nach Ausführung von tausche2.

Hier noch einmal das Programm der Tauschfunktion mit Kommentaren versehen:

```
//Funktion mit Namen tausche2, die 2 Adressen (die auf //ganze
Zahlen zeigen) uebergeben bekommt und nichts //zurueckgibt
void tausche2(int *pa, int *pb){
 int help;//Deklaration einer lokalen Variablen zum
 Speichern einer ganzen Zahl
 help=*pa;//Zuweisung des Wertes, auf den pa zeigt,
 auf help
 *pa=*pb;//an die Stelle, wohin pa zeigt, wird der
 Wert gespeichert, auf den
 pb zeigt
 *pb=help;//an die Stelle, wo pb zeigt, wird der Wert
 in help gespeichert
}
int main(){
 int a=42, b=17;
```

```
void tausche2(int *pa, int *pb){
   int help;
   help = *pa;
   *pa  = *pb;
   *pb  = help;
}
int main(){
   int a = 42, b = 17;
   printf("Davor: a=%i, b=%i\n",a,b);
   tausche2(&a,&b);
   printf("Danach: a=%i, b=%i\n",a,b);
   return 0;
}
```

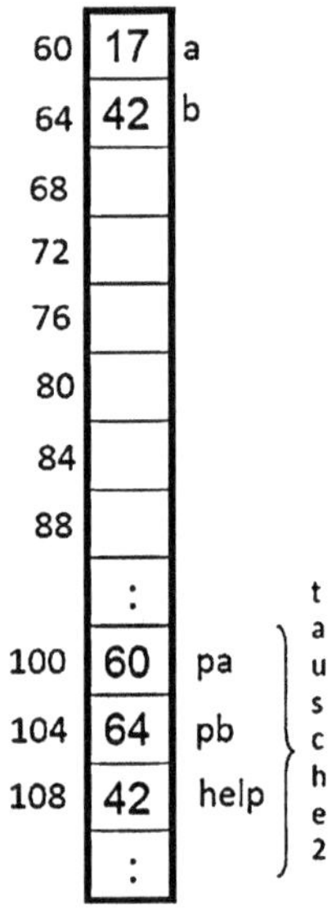

Abb. 11.6 Tauschfunktion

```
printf("Davor: a=%i, b=%i\n",a,b);
tausche2(&a,&b);//Aufruf der Funktion tausche2 mit 2
Adressen als Eingabewerte
printf("Danach: a=%i, b=%i\n",a,b);
return 0;
}
```

11.7 Zeiger und Felder

Definiert man ein Feld in C, wird ein konstanter (nicht änderbarer) Zeiger angelegt, der genauso heißt wie das Feld und *immer* auf das erste Element des Feldes zeigt.

Deklariert man ein Feld

```
int feld[4];
```

so wird gleichzeitig ein Zeiger namens feld angelegt, der unveränderlich auf feld[0] zeigt. So kann man z. B. mit

```
*feld=42;
```

eine 42 auf das erste Feldelement schreiben.

Wie folgt könnte man z. B. das Feld auch ausgeben:

```
int i;
for(i=0;i<4;i++){
 printf("%i ",*(feld+i));//es ginge aber natürlich
 auch printf("%i ",feld[i]);
}
```

Übergibt man einer Funktion ein Feld, wird dies über Call by Reference erledigt.

> **Beispiel einer Funktion, die ein Feld ausgibt:**
> ```
> void ausgabeFeld(int feld[], int feldlaenge){
>   int i;
>   for(i=0;i<feldlaenge;i++){
>   printf("%i ",*(feld+i));//es ginge aber natürlich
>   auch printf("%i ",feld[i]);
>   }
> } ◄
> ```

11.8 Zeiger auf Zeiger

Natürlich können Zeiger auch auf Zeiger zeigen. Zeiger sind ja selbst Variablen, die Speicherplätze beanspruchen, gekennzeichnet durch Speicheradressen.

Man kann auch Felder von Zeigern deklarieren. Felder sind Datenstrukturen, wo hintereinander gleiche Datentypen abgespeichert werden können. Also können in Feldern auch Adressen stehen, was bedeutet, dass man ein Feld von Zeigern deklarieren kann.

Wenn man Wörter sortieren möchte, ist es besser, ein Zeigerfeld zu deklarieren, dieses auf die einzelnen Wörter zeigen zu lassen und nur das Zeigerfeld abhängig von den Buchstaben, auf die sie zeigen, zu sortieren. Das ist schneller, weil nicht alle Buchstaben der Wörter mitgetauscht werden müssen, sondern nur die Zeiger, die auf die Anfangsbuchstaben zeigen.

In Abb. 11.7 sieht man ein sinnvolles Beispiel.

Hier der Programmcode für obiges Beispiel, wenn man zum Sortieren den Bubblesort wählt, der in einem früheren Kapitel erklärt wurde:

```
void bubblesort(char *f[], int anz) {
int i,j,sortiert=0;
char *hilfe;//muss jetzt eine Adresse sein, da
Adressen getauscht werden sollen
for(i=0;i<anz;i=i+1) {
   if(sortiert==0){
    //Annahme, dass die Folge sortiert ist
    sortiert=1;
    for(j=0;j<anz-1;j=j+1){
         //Test, ob getauscht werden muss abhängig
vom Inhalt der Adresse
       if(*f[j]>*f[j+1]){
          //Vertauschung notwendig
          //hier werden die Adressen getauscht,
wenn der Inhalt der
```

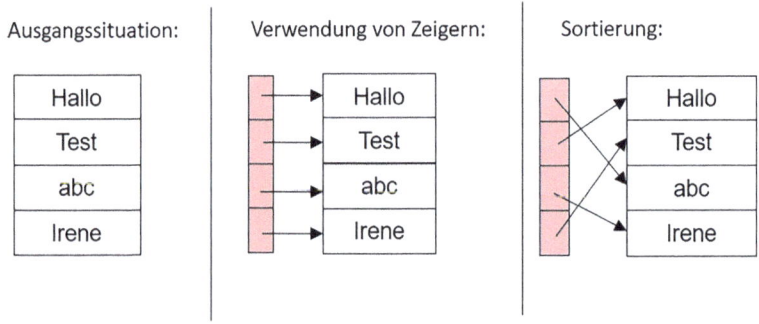

Abb. 11.7 Sinnvoller Einsatz von Zeigern

11.8 Zeiger auf Zeiger

Adressen das alphabetisch erfordert

```
                hilfe=f[j];
                f[j]=f[j+1];
                f[j+1]=hilfe;
                //Folge war doch nicht sortiert,
 sortiert zurücksetzen auf 0
                  sortiert=0;
               }
      }
   }
 }
}
#include<stdio.h>
int main(){
 int i;
 int anz=4;
 char wort1[]="Irene";
 char wort2[]="Hallo";
 char wort3[]="Test";
 char wort4[]="abc";
 //Zeigerfeld
 char *sortierfeld[4];
 //Zuweisung der Wörter aufs Zeigerfeld
 sortierfeld[0]=wort1;
 sortierfeld[1]=wort2;
 sortierfeld[2]=wort3;
 sortierfeld[3]=wort4;
 bubblesort(sortierfeld,4);
 return 0;
}
```

Im folgenden Codebeispiel kommt sogar die Tauschfunktion tausch2 zum Einsatz:

```
void tausch2(char **pa, char **pb){
 char *help; //es werden Adressen getauscht
 help=*pa;
 *pa=*pb;
 *pb=help;
}
void bubblesort(char *f[], int anz){
 int i,j,sortiert=0;
 for (i=0;i<anz;i=i+1){
        if(sortiert==0){
                //Annahme, dass Folge sortiert ist
```

```
            sortiert = 1;
            for(j=0;j<anz-1;j=j+1){
                //Test, ob getauscht werden muss abhängig
vom Inhalt der Adresse
                if(*f[j]>*f[j+1]){
                        //Vertauschung notwendig
                        //hier werden die Adressen getauscht,
 wenn der Inhalt der
 Adressen das alphabetisch
 erfordert
                        tausch2(&f[j],&f[j+1]);
                        //Folge war doch nicht sortiert
                        sortiert=0;
                }
            }
      }
 }
}
```

Die Tauschfunktion hat zwei Sternchen, weil Adressen über Call by Reference getauscht werden sollen. Also ein Sternchen bedeutet, dass mit den Originalen gearbeitet werden soll, das zweite Sternchen bedeutet, dass die Werte Adressen sind.

11.9 Zusammenfassung

Coco startet mit der C Programmierung Teil 4 - Zeiger

Was sind Zeiger: https://www.youtube.com/watch?v=piL5LHIhQhM

Zeiger „zeigen" auf andere Variablen, weil sie Adressen dieser Variablen speichern. Zeiger werden deklariert durch einen Datentyp, der darauf hinweist, was auf der Adresse gespeichert werden soll. Mit dem Stern in der Deklaration wird definiert, dass es ein Zeiger ist.

Zeigern sollte immer ein Wert zugewiesen werden von einer Variablen, die vom Programm vorher angelegt wurde im passenden Datentyp.

Es gibt folgende Zeigeroperationen:

- & – Adressoperator
- * – Inhaltsoperator
- ++ – „eine Adresse weiter"-Operator

Zeiger sind wichtig z. B. für Call-by-Reference-Aufrufe in Funktionen.

- **Zum Merken**: z. B. double *zeiger;
- bedeutet:
- zeiger ist vom Typ double * und
- *zeiger ist vom Typ double.

11.10 Übungen

Aufgabe 1: Was wird hier ausgegeben? Ihre Vermutungen können Sie überprüfen, indem Sie das Programm von einem Rechner ausführen lassen.

```
int main(){
 int a=42;
 int *pa;
 pa=&a;
 printf("Adresse von a: %i\n",&a);
 printf("pa=%i\n",pa);
 printf("Adresse von pa: %i\n",&pa);
 printf("*pa=%i\n",*pa);
 return 0;
}
```

Aufgabe 2: Was wird hier ausgegeben? Ihre Vermutungen können Sie überprüfen, indem Sie das Programm ausführen lassen.

```
int main(){
 int feld[5]={0};
 int *pFeld;
 pFeld=&feld[0];
 *pFeld=17;
 printf("feld[0] = %i\n",feld[0]);
```

```
printf("feld[1] = %i\n",feld[1]);
printf("&feld[0] = %i\n",&feld[0]);
printf("&feld[1] = %i\n",&feld[1]);
printf("feld = %i\n",feld);
printf("pFeld = %i\n",pFeld);
printf("*pFeld = %i\n",*pFeld);
return 0;
}
```

Aufgabe 3:

a) Implementieren Sie eine C-Funktion, die zwei Eingabewerte x und y erhält und die Summe, das Produkt und die Differenz von x und y „zurückgibt"!
b) Wie würde die Funktion in einem Hauptprogramm aufgerufen werden?

Aufgabe 4 (schwer): Was wird hier ausgegeben?

```
int gruselfeld[4];
int zahl;
int zisch[]={3,2,1};
int zapp[]={9,8};
char rambaZamba[]={'+','$','M'};
int vektor[]={27,18,0,42};
zahl=101010;
gruselfeld[2]=&zahl;
*gruselfeld=zisch;
gruselfeld[3]=vektor;
*(gruselfeld+1)=&zapp[0];
printf("%c\n",*(rambaZamba+2));
printf("%i\n",*(gruselfeld+1));
printf("%i\n",**gruselfeld);
printf("%i\n",*(gruselfeld[3]+2));
printf("%c\n",rambaZamba[1]);
printf("%i\n",*(*(gruselfeld+1)+1));
printf("%i\n",gruselfeld[2][3]);
```

Zur Unterstützung hier ein Video: https://www.youtube.com/watch?v=J7z4D1K3z5M&t=20s

Fragen

1. Was ist (*a)+1 in int *a; int b[3]={2,4,5}; a=b;?
   A) Adresse von 4
   B) 3
   C) 4

2. Was bedeutet int *b[3]?
   A) ganzzahliges Feld der Größe 3, das Adressen enthält
   B) ganzzahliges Feld der Größe 4, das Adressen enthält
   C) ganzzahliges Feld der Größe 3, das den Inhalt von ganzen Zahlen enthält
   D) ganzzahliges Feld der Größe 3, das Sternchen enthält
3. Worauf zeigt der automatisch angelegte Zeiger eines Feldes?
   A) aufs letzte Element
   B) auf <Feldname>[1]
   C) aufs erste Feldelement
4. Wenn a[i] ein Element eines Feldes ist. Wie kann man es noch schreiben?
   A) a(i)
   B) *(a+i)
   C) (*a+i)
   D) *a[i]
5. Wie werden Felder in Funktionen übergeben?
   A) Übergabe aller Adressen der Feldelemente
   B) Übergabe aller Werte
   C) Übergabe des ersten Wertes des Feldes
   D) Übergabe der Adresse des ersten Feldelements

Richtige Antworten: 1: B, 2: A, 3: C, 4: B, 5: D

Strukturen 12

12.1 Motivation Strukturen

In Feldern kann man gleiche Dinge abspeichern. Wie geht man aber vor, wenn man unterschiedliche Dinge, angesprochen über einen Oberbegriff, abspeichern möchte, wie z. B. Merkmale von Kleidungsstücken (Klamotten), um sie neu zu organisieren und im Schrank anzuordnen? Angenommen die Merkmale der Kleidungsstücke wären die folgenden:

- wann gekauft,
- wie teuer,
- Name des Kleidungsstücks,
- Farbe,
- schon mal angezogen,
- Wohlfühlfaktor.

Die Datentypen der einzelnen Merkmale müssen zum Teil *unterschiedlich* gewählt werden, damit sie passen. In einem Feld (Array) können nur mehrere Dinge des *gleichen* Typs zusammengefasst werden. Mit einer Struktur **struct** ist das wie folgt möglich:

```
struct Klamotte{
 int wanngekauft;
 double wieteuer;
 char name[30];
 char farbe;
 char schonmalangezogen;
 int wohlfuehlfaktor;
};//Achtung: Hier muss ein Semikolon hin!
```

Dabei ist Klamotte der *Strukturname* und alle Definitionen zwischen den geschweiften Klammern nennt man *Komponenten*.

Es ist üblich, Strukturnamen mit einem Großbuchstaben beginnen zu lassen.

Beispiel Kleiderordnung

Beispielhaft hier ein Programm, das die Struktur von eben benutzt. Es ist ein etwas aufwendigeres Beispiel und alle neuen Dinge werden im Verlauf dieses Kapitels noch genau erklärt.

```
struct Klamotte{
   int wanngekauft;
   double wieteuer;
   char name[30];
   char farbe;
   char schonmalangezogen;
   int wohlfuehlfaktor;
};
int main(){
   struct Klamotte kleid1,kleid2;
   kleid1.wieteuer=99.99;//Achtung: der Punktoperator
           nach kleid1 wird weiter unten
           genau erklärt
   kleid1.schonmalangezogen='j';
   kleid1.wohlfuehlfaktor=55;
   kleid2.wieteuer=199.66;
   printf("Preis:%lf, Wohlfuehlfaktor=%i",
       kleid1.wieteuer, kleid1.wohlfuehlfaktor);
   return 0;
}
```

12.2 Definition Strukturen

Mit Strukturen können Daten verschiedenen Typs unter einem Namen zusammengefasst werden wie folgt:

```
struct Strukturname{
 <Datentyp> Komponentenname1;
 <Datentyp> Komponentenname2;
 ...
};
```

12.3 Zugriff auf Strukturen

Hier ein Beispiel:

```
struct Konto{
 int kontonummer;
 double betrag;
};
```

Es ist üblich, Strukturnamen mit großem Buchstaben beginnen zu lassen. Strukturen sind die Vorläufer von *Klassen* in den objektorientierten Sprachen. Dort ist es dann zusätzlich noch möglich, zugehörige Funktionen innerhalb der Klasse zu definieren.

12.3 Zugriff auf Strukturen

In einem Programm werden Strukturen zuerst definiert, dann Variablen in einer Funktion (z. B. im Hauptprogramm) deklariert, um danach auf sie zugreifen zu können.

Es gibt die folgenden zwei üblichen Arten, auf Komponenten von Strukturen zuzugreifen: mit dem Punktoperator und mit dem Pfeiloperator.

Hier zuerst ein Beispiel für den Punktoperator. Mit dem Punktoperator wird über die Variable k1 (vom Typ Konto) auf die Komponente kontonummer und eine Zeile später auf die Komponente betrag zugegriffen:

```
#include<stdio.h>
struct Konto{
 int kontonummer;
 double betrag;
};
int main(){
 struct Konto k1;
 struct Konto k2={42,1.99};
 //Nutzung des Punktoperators, um auf Komponenten der
 Struktur zuzugreifen
 k1.kontonummer = 2323;
 k1.betrag = 999.99;
 return 0;
}
```

Hier ein Beispiel für den Zugriff auf Strukturen mit dem Pfeiloperator. Mit dem Pfeiloperator wird über den Zeiger pk (der auf eine Variable vom Typ Konto zeigt) auf die Komponente kontonummer und eine Zeile später auf die Komponente betrag zugegriffen:

```
#include<stdio.h>
struct Konto{
 int kontonummer;
 double betrag;
};
int main(){
 struct Konto k,*pk;
 pk=&k;
 pk->kontonummer=7;
 pk->betrag=5.01;
 return 0;
}
```

Um den Pfeiloperator nutzen zu können, muss ein Zeiger auf die Struktur deklariert werden und die Adresse der Struktur dem Zeiger zugewiesen werden.

Der Punktoperator hat es in die objektorientierten Sprachen geschafft (wo Strukturen durch die Möglichkeit der zusätzlichen Definition von Funktionen zu Klassen erweitert werden), wahrscheinlich weil er ein Zeichen kürzer ist als der Pfeiloperator.

12.4 Vorteile von Strukturen

Ein Vorteil von Strukturen ist, dass man sie sehr einfach *kopieren* kann, wie in folgendem Beispiel zu sehen ist:

```
#include<stdio.h>
struct Konto{
 int kontonummer;
 double betrag;
};
int main(){
 struct Konto k1,k2;
 k1.kontonummer=7;
 k1.betrag=5.01;
 k2=k1;
 return 0;
}
```

Man muss also nicht Komponente in Komponente kopieren, sondern kann über die Variable der Struktur gehen.

Sehr interessant ist, dass der Rückgabewert einer Funktion vom Typ **struct** sein darf:

```
struct Adresse adressenRueckgabe(struct Adresse *p){...}
```

▶ Aus Erfahrung beim Lehren weiß ich, dass es verwirrend sein kann, dass hier der Rückgabewert aus zwei Wörtern besteht. Aber das kann man sich so vorstellen, dass mit struct nur angegeben wird, dass es sich um etwas Selbstdefiniertes handelt. Da man viele Dinge definieren kann, kommt danach der spezielle Name des Selbstdefinierten.

Man erinnere sich, dass ein Feld in C nicht von einer Funktion zurückgegeben werden kann.

12.5 Strukturen in Strukturen

Komponenten von Strukturen können auch selbst Strukturen sein. Ein Beispiel folgt hier:

```
#include<stdio.h>
#include<string.h>
struct Name{
 char vorname[20];
 char nachname[20];
};
struct Adresse{
 struct Name adressant;
 char strasse[20];
 int hausnummer;
};
intmain(){
 struct Adresse student={{"Anna","Mueller"},
        "Musterstr.",1};
 strcpy(student.adressant.nachname, "Schmidt");
 printf("Nachname: %s",student.adressant.nachname);
 return 0;
}
```

Die Struktur Name ist ein Typ einer Komponente in der Struktur Adresse. Zuerst muss die Struktur definiert werden, die später in einer anderen Struktur verwendet wird. Der Formatierer %s gibt ein ganzes Wort aus bis zum Wortendezeichen \0, das durch „..." oder anders eingefügt wurde.

12.6 Felder von Strukturen

Man kann auch Felder von Strukturen anlegen:

```
#include<stdio.h>
#include<string.h>
struct Buch{
 int buchnummer;
 char autor[20];
 char titel[50];
 int jahr;
};
int main(){
 struct Buch katalog[100];
 katalog[2].buchnummer=1234;
 strcpy(katalog[2].autor, "Irene Rothe");
 strcpy(katalog[2].titel, "Exponentielle
                Algorithmen");
 printf("Autor: %s, Titel: %s",
 (katalog+2)->autor,katalog[2].titel);
 return 0;
}
```

katalog ist ein Feld, bei dem jedes einzelne Element vom Typ Buch ist. strcpy ist eine Funktion aus der string.h-Bibliothek zum Kopieren von Wörtern.

12.7 Strukturen und Funktionen

In Funktionen werden Strukturen als **Call by Value** übergeben. Bei größeren Strukturen kostet das möglicherweise viel Speicher, weil ja solche Funktionen mit Kopien arbeiten, um nicht mit den Originalwerten zu arbeiten. Es werden für alle Eingabeparameter der Funktion neue Speicherplätze reserviert, in die die Werte rüberkopiert werden. Wegen dieser Speicherplatzverschwendung ist es günstiger, die Eingabeparameter als Zeiger auf **struct** zu übergeben.

```
void function(struct adresse *p){...}
int main(){
 struct adresse student,*pstudent;
 pstudent=&student;
 function(pstudent);
 return 0;
}
```

12.8 Definition von Bitfeldern mithilfe von Strukturen

Mit Strukturen kann man **Bitfelder** definieren. Bitfelder nutzt man, wenn man nur wenig Speicherplatz hat, z. B. wenn man Microcontroller programmiert. Dort möchte man so viele Informationen wie möglich auf einem eng begrenzten Speicher unterbringen.

In C kann man einzelnen Bits über Nutzung von struct Namen geben und so auf sie zugreifen. Hier ein Beispiel:

```
struct Printerstatus{
 unsigned:4;//nicht verwendet, könnten Werte von
 0-15 enthalten
 unsigned error:1;//0 bedeutet Druckerfehler
 unsigned select:1;//1 bedeutet Drucker online
 unsigned paper:1;//1 bedeutet kein Papier
 unsigned busy:1;//bedeutet Drucker bereit
};
int main(){
 struct Printerstatus printerstatus;
 if(printerstatus.busy==1&&printerstatus.select==1){
    printf("Drucker bereit");
 }
 else{…}
 return 0;
}
```

Da Bits *nur positiv* sind, es also keine negativen Bits gibt, wurde hier der Datentyp **unsigned** genutzt, der bis jetzt noch nicht verwendet wurde. Wer über diesen Datentyp mehr wissen möchte, informiere sich bitte aus anderen Quellen.

Beispiel Platzsparen

Auch ein interessantes Beispiel, wo es ums Platzsparen geht, ist das Folgende:

```
struct ZeitHolzhammer{
 int stunde;
 int minute;
};
struct ZeitPlatzsparend{
 unsigned stunde:5;
 unsigned minute:6;
};
```

Bei der Struktur ZeitHolzhammer werden 8 Byte Speicher gebraucht, wenn eine Variable dieses Typs angelegt wird. Bei der StrukturPlatzsparend *nur 11 Bit*. (Bemerkung: In Wirklichkeit ist das nicht ganz so. Wenn das bei der Programmierung wichtig ist, sollte man das noch mal speziell erforschen.) Das ist wirklich sehr speicherplatzschonend. Wieso konnte man das so machen? Es gibt nur 24 h, also ist 24 die höchste Zahl, die man speichern muss. Jede Zahl von 1 bis 24 passt auf höchstens 5 Bits. Die maximale Zahl für Minuten ist 60, dort reichen 6 Bits aus. Dieses Wissen wurde bei der Definition der Struktur ZeitPlatzsparend ausgenutzt. ◄

12.9 Abschlussbeispiel für Strukturen

Wir wollen Daten zu einem Mehrfamilienhaus geschickt speichern. Das Mehrfamilienhaus besteht aus Wohnungen mit gleichem Grundriss und folgenden Zimmertypen:

- Wohnzimmer,
- Schlafzimmer,
- Bad,
- Küche,
- Flur.

Folgende Struktur könnte man fürs Speichern der Zimmergröße pro Wohnung definieren:

```
struct Wohnung{
 int wohnzimmer;
 int schlafzimmer;
 int bad;
 int kueche;
 int flur;
};
```

Und folgende Struktur würde gut das Mehrfamilienhaus beschreiben:

```
struct Haus{
 struct Wohnung ergeschoss;
 struct Wohnung ersteEtage;
 struct Wohnung dach;
};
```

Beispielhaft kann man ein Haus deklarieren und eine Komponente wie folgt belegen:

```
struct Haus meinHaus;
meinHaus.erdgeschoss.bad = 10;//in quadratmeter
```

12.10 Zusammenfassung

Coco startet mit der C Programmierung Teil 6 Strukturen

Coco versteht Strukturen: https://www.youtube.com/watch?v=OrEFakXTD1E
Strukturen sind praktisch, weil sie

- übersichtlich sind,
- einfach zu kopieren sind,
- und von Funktionen zurückgegeben werden können.

Es gibt zwei übliche Strukturzugriffsmöglichkeiten:

- den Punktoperator: z. B. k1.kontonummer = 2323;
- den Pfeiloperator: z. B. pk->kontonummer = 2323;

12.11 Übungen

Aufgabe 1: Wo könnte man beim Spiel Schiffe versenken sinnvoll Strukturen verwenden?

Aufgabe 2: Definieren Sie eine Struktur Komplex, die die komplexen Zahlen widerspiegelt, und implementieren Sie die Addition komplexer Zahlen als Funktion, die das Ergebnis der Addition als Struktur zurückgibt.

Fragen
1. Was bedeutet s.t.b = 10; ?
   A) ein typischer Variablenname
   B) Syntaxfehler
   C) struct
   D) double Datentyp
      Richtige Antwort: C
2. Welche der folgenden Ausdrücke sind in C möglich?
   A) (*s1).number = 10;
   B) s1 = &s2;
   C) s1 = s2;
3. Was stimmt bzgl. struct in C?
   A) ist Definition einer Ansammlung verschiedener Datentypen unter einem Namen
   B) ist Deklaration einer Sammlung verschiedener Datentypen unter einem Namen
   C) kann Definition gleicher Datentypen unter einem Namen sein
   D) werden in Funktionen als Call by Value übergeben
   E) werden in Funktionen als Call by Reference übergeben
   F) können von Funktionen zurückgegeben werden

Richtige Antworten: 1: C, 2: A,B,C, 3: A,C,D,F

Dynamische Speicheranforderungen 13

Felder sind statische Datenstrukturen. Einmal festgelegt vorm Compilieren, kann man die Größe eines Feldes nicht mehr ändern. In diesem Kapitel soll es um die dynamische Speicheranforderung mit der Funktion **malloc** gehen.

Bis jetzt können wir zusammenhängende Speicherbereiche nur belegen, wenn wir die Größe im Voraus kennen und vor der Übersetzung festlegen. Dazu können wir beispielsweise ein Feld einer bestimmten Größe vereinbaren. Daraus ergeben sich folgende Probleme: Entweder hat man zu viel Speicher reserviert, das ist dann also Speicherplatzverschwendung, oder man hat zu wenig reserviert, das kann richtig schlimm sein.

Oft ergibt sich erst während des Programmlaufs in Abhängigkeit von eingegebenen Daten der Wunsch, neuen Speicher zu reservieren und/oder nicht mehr benötigten Speicher freizugeben (damit ein anderes Programm den nutzen kann!) oder Speicherplatz zu vergrößern oder zu verkleinern.

Dies gilt besonders für Programme, die sehr lange laufen, wie z. B. Betriebssysteme.

13.1 Anfordern von dynamischem Speicher

Dynamischen zusammenhängenden Speicher fordert man mithilfe der Funktion **malloc** (in Englisch „memory allocate") aus der **stdlib**-Bibliothek an, die wie folgt definiert ist:

```
void* malloc(int numberOfBytes);
```

Als Eingabeparameter wird die Anzahl der Speicherplätze einer bestimmten Größe (durch Übermittlung des Datentyps, der auf dem Speicher gespeichert werden soll) übergeben, die man dynamisch reservieren möchte. Die Funktion gibt einen typenlosen Zeiger zurück, also einen Zeiger, der auf alles zeigen kann. Ab dieser zurückgegebenen Adresse beginnt dann der angeforderte Speicher.

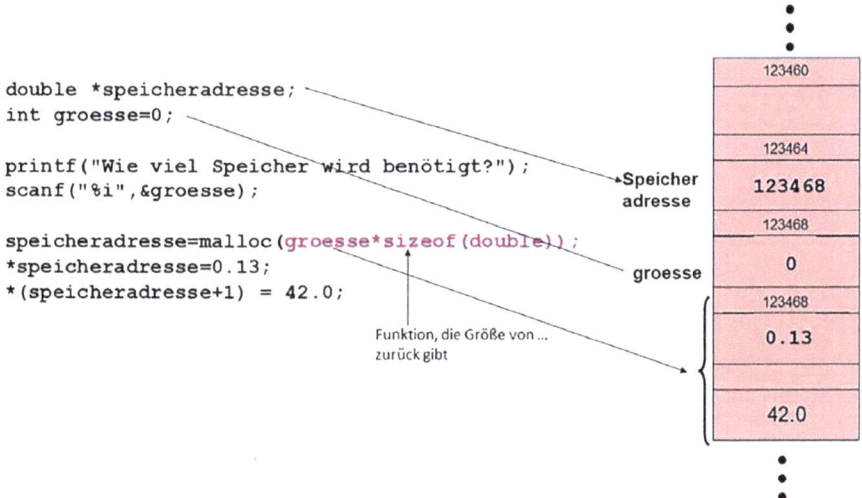

Abb. 13.1 Anforderung und Nutzung von Speicher

Normalerweise „leben" alle Variablen auf dem **Stack**-Speicher (Stapel) im Rechner, der oft kleiner ist als der Heap, aber schnell und automatisch vom Betriebssystem verwaltet wird. Der **Heap** (Halde)-Speicher ist viel größer, aber etwas langsamer und muss vom Programmierer selbst verwaltet werden.

In Abb. 13.1 sieht man, was im Speicher eines Rechners passiert, wenn in einem Programm Speicher angefordert wird.

In obigem Programmcode wird gefragt, wie viel Speicher angelegt werden soll. Die Anzahl der Speicherplätze wird auf der Variablen **groesse** gespeichert. Danach werden mit **malloc groesse** viele hintereinander liegende Speicherplätze der Größe für jeweils eine double-Zahl reserviert.

Es kann passieren, dass es im Speicher nicht genügend großen zusammenhängenden Speicher gibt. Dann wird NULL (ungültige Adresse, was so viel bedeutet wie „obdachlos") zurückgegeben und die Speicheranforderung schlug fehl. Deshalb ist es gut, man testet nach dem Funktionsaufruf von **malloc** die Rückgabeadresse auf NULL, wie z. B. wie folgt:

```
speicheradresse=malloc(groesse*sizeof(double));
//Test, ob genügend Speicher
//hintereinander vorhanden
if(speicheradresse!=NULL){
   *(speicheradresse+1)=42;
}
else{
 //Fehlerbehandlung, z.B. return 1;
}
```

13.2 Speichergröße ändern

Mit der Funktion **realloc** aus der **stdlib**-Bibliothek kann die Größe des angeforderten Speichers geändert werden. Dies geht nur, wenn vorher mit **malloc** Speicher angefordert wurde. Der Inhalt des alten Speichers wird umkopiert, wenn die Funktion **realloc** beim Anfordern von neuem Speicherplatz erfolgreich war, d. h., wenn es auf dem Rechner genug Speicher gab. Der Speicherbereich im Rechner kann dabei ein völlig anderer sein. Es muss sich also eine neue Anfangsadresse für den Speicher gemerkt werden.

```
double *speicheradresse;
speicheradresse=malloc(2*sizeof(double));
if(speicheradresse!=NULL){
   *speicheradresse=1;
   *(speicheradresse+1)=2;
}
else{
 //Fehlerbehandlung
}
//neue Groesse ist 3*double
speicheradresse=realloc(speicheradresse,
         3*sizeof(double));
*(speicheradresse+2)=42;
```

13.3 Freigeben von Speicher

Mit der Funktion **free** aus der Bibliothek **stdlib** kann Speicher, der angefordert wurde, wieder freigegeben werden, sodass das Betriebssystem diesen neu vergeben kann:

```
void free(void* zeiger);
```

Hier ein Beispielaufruf:

```
free(speicheradresse);
```

13.4 Ein Anwendungsbeispiel: Flexible Eingabe

Man möchte ein Wort mit höchstens 100 Buchstaben eingeben lassen. Da das Wort auch kleiner sein kann als 100 Buchstaben, möchte man den Speicherplatz, worauf das Wort gespeichert werden soll, entsprechend anpassen. Folgendes Programm macht dies:

```c
#include<string.h>
#include<stdio.h>
#include<stdlib.h>
int main(){
 char *hilfsfeld;
 char *eingabe;
 hilfsfeld=malloc(sizeof(char)*100);
 printf("Eingabe eines Wortes kleiner 100
            Buchstaben:");
 scanf("%s",hilfsfeld);
 fflush(stdin);
 eingabe=malloc(sizeof(char)*(strlen(hilfsfeld)+1));
 strcpy(eingabe,hilfsfeld);//Kopierfunktion aus
            string.h
 free(hilfsfeld);
 return 0;
}
```

Gehen wir das Programm von oben nach unten durch:

- Zunächst wird dynamischer Speicher der Größe 100 angefordert. Dies wird mit der Funktion **malloc** gemacht (und nicht mit einem Feld der Größe 100), damit man diesen Speicher später wieder freigeben kann. Der Zeiger, mit dem man sich den Speicherbeginn merkt, heißt hier **hilfsfeld**.
- Danach lässt man das Wort ab der Adresse **hilfsfeld** eingeben und
- fordert noch mal Speicher an mit genau der richtigen Anzahl von Speicherplätzen. Die richtige Anzahl von Speicherplätzen, die das Wort belegt hat, berechnet man mit der Funktion **strlen** aus der Bibliothek **string.h**.
- Mit der Funktion **strcpy** kopiert man das gespeicherte Wort von **hilfsfeld** rüber auf **eingabe** und
- gibt danach das dynamische Feld **hilfsfeld** mit **free** wieder frei, weil es nicht mehr gebraucht wird.

13.5 Probleme mit dynamischem Speicher

Ein Problem der dynamischen Speicherbelegung ist, wenn man *vergisst*, den Speicher wieder freizugeben oder wenn man *keine Lust* dazu hat. Das ist so wie bei der Liegenbelegung am Strand, wenn man sein Handtuch auf eine Liege legt, um einfach sicherheitshalber eine Liege zu reservieren (weil man ein Frühaufsteher ist und morgens noch fast alle Liegen frei sind und man es deswegen eben einfach kann), auch wenn man ziemlich sicher weiß, dass man den ganzen Tag nicht darauf liegen wird.

Ein weiteres Problem sind „Speicherlecks" („memory leaks"). Es beschreibt die Situation, in der beispielsweise durch Schleifen oder Funktionsaufrufe wiederholt Speicher angefordert, aber nicht wieder freigegeben wird, bis es irgendwann zum Programmabsturz kommt.

Noch schlimmer ist es, wenn man Speicher freigeben möchte, aber vergessen hat, *wo* der Speicher reserviert wurde. Das ist so, als würde man im Bahnhof ein Schließfach mieten und dann die Schließfachnummer vergessen (sie steht leider nicht auf dem Schlüssel). Das Schließfach gehört einem weiterhin, aber man kann sein Gepäck nicht wieder herausholen, weil man nicht weiß, in welchem der vielen Fächer es ist.

Fordern viele Programme oft Speicher auf dem gleichen Rechner an und geben ihn dann auch wieder frei, kann es passieren, dass die Speicherbelegung auf dem Heap-Speicher im Rechner nach einer Weile wie ein Schweizer Käse aussieht. Der Heap-Arbeitsspeicher ist dann in viele kleine Bereiche fragmentiert, die abwechselnd frei und belegt sind. Man nennt so etwas auch Löchersalve. Irgendwann passiert es dann, dass man keine *längeren* Speicherbereiche mehr reservieren kann, obwohl insgesamt noch genügend Platz vorhanden ist.

Da muss man dann aufräumen, eine sogenannte *Garbage Collection* durchführen, wobei belegte Speicherbereiche umkopiert werden, sodass sie lückenlos hintereinander liegen.

In C muss man dies selbst programmieren, wofür es Funktionen wie **memcopy** und **memmove** gibt.

In Sprachen wie z. B. Java ist so eine Garbage Collection eingebaut, was aber auch nicht immer problemlos ist, weil man nie weiß, wann dieses „Aufräumen" durchgeführt wird, und weil dann in ungünstigen Ausführungszeiten Zeitverzögerungen auftreten können. Aber dafür gibt es natürlich auch viele Funktionen, die Abhilfe schaffen.

13.6 Zusammenfassung

Coco startet mit der C Programmierung Teil 7 Dynamische Speicherplatzreservierung

Coco benutzt **malloc**: https://www.youtube.com/watch?v=GoCROdDejeE

Mit der Funktion **malloc** kann man auf dem Heap-Speicher *dynamisch* Speicher anfordern, den man größenmäßig *verändern* und wieder *freigeben* kann. Wenn nicht genug zusammenhängender Speicher im Rechner bei der Anforderung zur Verfügung steht, geht die Speicheranforderung schief. Man erhält dann NULL als Adresse zurück, was so etwas wie „obdachlos" bedeutet.

Mit **free** kann man angeforderten Speicher wieder freigeben. Man muss dafür die Adresse kennen, ab wo der Speicher reserviert wurde.

▶ Bei all diesen Operationen kann man viel falsch machen, weil man mit **malloc** und **free** viel Macht hat.

13.7 Übung

Schreibe ein Programm, das ein dynamisches zweidimensionales Feld anlegt, also Zeilenanzahl und Spaltenanzahl werden erst während der Ausführung festgelegt.

Fragen
1. Wo wird folgender Code kürzer geschrieben: char *p; p = malloc(100);?
   A) *p = malloc(100);
   B) char *p = malloc(100);
   C) *p = char malloc(100);
2. Worauf sollte man bei malloc achten?
   A) Konnte überhaupt so viel Speicher reserviert werden?
   B) Dass man sich die Adresse merkt, wo der Speicher liegt.
   C) Vorher überlegen, wie viel Speicher benötigt wird, denn ist er einmal angefordert, kann man die Größe nicht mehr ändern.
   D) Die Adresse, die man für den zu reservierenden Speicher angibt, muss unbedingt mit p beginnen.
3. Was stimmt?
   A) Mit der Funktion malloc können während der Programmausführung Speicherplätze reserviert werden. Der Speicher liegt beliebig und nicht hintereinander. Der Speicher kann während der Programmausführung wieder an das Betriebssystem zurückgegeben werden.
   B) Mit der Funktion malloc können während der Programmausführung Speicherplätze reserviert werden. Der Speicher liegt beliebig und hintereinander. Der Speicher kann während der Programmausführung wieder an das Betriebssystem zurückgegeben werden.
   C) Mit der Funktion malloc können während der Programmausführung Speicherplätze reserviert werden. Der Speicher liegt beliebig und hintereinander. Der Speicher kann allerdings nicht während der Programmausführung wieder an das Betriebssystem zurückgegeben werden.

Richtige Antworten: 1: B, 2: A,B, 3: B

Aufwand 14

Wenn man zwei Sortieralgorithmen (z. B. Bubblesort und Quicksort, erklärt in einem früheren Kapitel) zur Auswahl hat, für welchen Algorithmus entscheidet man sich? Welcher ist der bessere?

Im Gebiet **Berechenbarkeit** geht es um die Frage, für welche Probleme *überhaupt* ein Algorithmus existiert, also ob die Probleme berechenbar sind oder nicht. Im Gebiet **Aufwand** oder auch **Komplexitätstheorie** wird u. a. die Frage gestellt, welche der berechenbaren Probleme effizient (d. h. praktikabel in vernünftiger Zeit mit einem Rechner) berechenbar sind.

Informatik ist nicht nur Programmierung, so wie Mathematik nicht nur Rechnen ist.

14.1 Motivation: Aufwand von Algorithmen

Welcher der folgenden Investmentfonds A, B oder C in Abb. 14.1 macht über eine Zeit hinweg das meiste Geld?

Den stärksten Anstieg an Gewinnen scheint der Geldfonds C zu haben, da seine Kurve am steilsten wächst, der Anstieg wird sogar immer stärker über die Zeit. Solche Bilder bezüglich Geld zu verstehen, sind wir ziemlich gewohnt.

Bei der Einschätzung des Aufwandes bzw. der Zeit, die ein Algorithmus zur Berechnung eines Ergebnisses braucht, nutzt man ähnliche Kurven, nur ist diesmal die *Zeit* der interessante Wert. Man will nicht mehr viel Geld machen (na gut, das will man eigentlich immer), sondern so wenig Zeit wie möglich für die Berechnung eines Ergebnisses durch einen Algorithmus verbrauchen.

Welcher der Algorithmen in Abb. 14.2 ist der schnellste fürs Sortieren?

Hier sollte man A wählen, weil dieser Algorithmus in kürzerer Zeit mehr Elemente sortiert als die anderen beiden. Diesmal steht die Zeit nicht an der x-Achse, sondern sie ist das Auswahlkriterium.

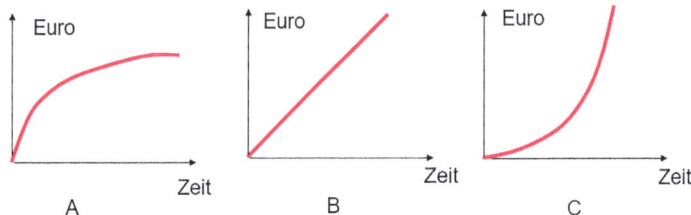

Abb. 14.1 Entwicklung von Investmentfonds

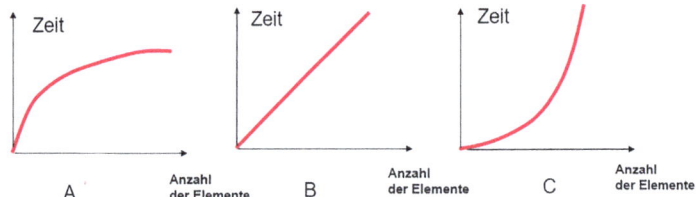

Abb. 14.2 Zeitverbrauch bei Sortieralgorithmen für immer mehr Eingabeelemente

Warum interessieren uns effiziente Algorithmen? Bei vielen Problemlösungen ist die Zeit wichtig, d. h., umso schneller das Problem gelöst wird, umso zufriedener ist der Kunde, wie z. B. bei Internetsuchanfragen, bei der Suche von Bahnverbindungen bei der Deutschen Bahn oder beim Streamen von Filmen, wo Daten komprimiert werden und schnell wieder dekomprimiert werden sollten, damit der Film ohne Störung guckbar ist.

Was bedeutet „sehr lange"? Am besten beschreibt es folgender Satz: Wenn die Sonne ein kalter Brocken ist, bevor das Problem gelöst ist, dauert die Berechnung ganz klar zu lange. Eine konkrete Definition kommt später in diesem Kapitel.

14.2 Beispiele für Algorithmen und Aufwand

Erinnern wir uns an das Zimmeraufteilungsproblem (Dreifärbbarkeit) in einem früheren Kapitel, wo es leicht war, festzustellen, ob zwei Zimmer für eine komplizierte, friedliche Freundinnenaufteilung im Urlaub (Freundinnen von mir, die sich nicht mögen, sollten besser nicht in einem Zimmer schlafen) reichen würden. Bei der Beantwortung der Frage, ob drei Zimmer ausreichen würden, wurde dieses Problem mit einmal schwer für den Rechner, d. h., die Beantwortung mit Ja oder Nein dauert sehr lange, sodass sich das Warten auf das Ergebnis nicht lohnt. Die Lösung solcher Probleme hätte praktischen Nutzen z. B. bei der Lagerung von Chemikalien, wo unverträgliche Chemikalien besser *nicht* nebeneinander gelagert werden sollten.

Ineffizient lösbare Probleme sind nicht immer schlecht, wie man schon beim Beispiel der Kryptografie gesehen hat. So kann man auch das Dreifärbbarkeitsproblem für Authentisierung von Nutzern nutzen: Man erzeugt einen Graphen (Gebilde aus Punkten, auch genannt Knoten, und Strichen, auch genannt Kanten, die

14.2 Beispiele für Algorithmen und Aufwand

verbunden sind), der dreigefärbt ist (d. h., man malt die Punkte mit nur drei Farben in so einer Art an, dass, wenn zwei Punkte durch eine Kante miteinander verbunden sind, sie nicht die gleiche Farbe erhalten). So einen Graphen zu erzeugen, ist einfach, dann löscht man alle Einfärbungen, sodass nur der Graph selbst übrig bleibt. Dieser Graph ohne Farben wird dann beim Versuch angezeigt, eine Tür zu öffnen oder sich bei einem Rechner einzuloggen. Nur wer eine Einfärbung der Knoten kennt, also nur der Erzeuger, weil das Problem ja sehr schwer ist), kann die Tür öffnen oder sich in einen Rechner einloggen. Für alle anderen würde es sehr lange dauern, die richtige Einfärbung der Punkte zu finden, sodass die Einloggzeit schon lange abgelaufen wäre, ehe man die richtige Färbung gefunden hätte.

Kommen wir zurück zu den Fibonaccizahlen, die schon einmal im Kapitel über Funktionen im Unterkapitel über rekursive Funktionen benutzt wurden. Hier drei Beispiele, wie man sie berechnen könnte.

Beispiel 1

```
double fibonacci(int n){
   if(n==0) return 0;
   if(n==1) return 1;
   return fibonacci(n-2)+fibonacci(n-1);
}
```

Beispiel 2

```
double fibonacci(int n){
      int i=0;
      int f_i=0;
      int f_i_1=1;
      int f_i_2=0;
      if(n==0) return 0;
      if(n==1) return 1;
      for(i=2;i<n+1;i++){
         f_i=f_i_1+f_i_2;
         f_i_2=f_i_1;
         f_i_1=f_i;
      }
      return f_i;
}
```

Beispiel 3

```
double fibonacci(int n){
   return              1/sqrt(5)*(pow((1+sqrt(5))/2,n)+
                          pow((1-sqrt(5))/2,n));
}
```

Welcher Algorithmus ist nun der beste? Der 2. Code ist der schnellste. Dies wird hier aber nicht weiter erklärt, später werden Rechenregeln angegeben, womit man die Frage beantworten kann. Generell ist das Problem auch etwas kompliziert, weil man eine „Fremdfunktion" benutzt: sqrt, wovon wir jetzt gar nicht wissen, wie sie genau implementiert ist.

14.3 Beurteilung von Algorithmen und Definitionen

Was ist wichtig bei der Beurteilung von Algorithmen? Der Programmieraufwand? Die Eleganz der Lösung? Der Speicherverbrauch des Algorithmus? Die Zeit, die der Algorithmus braucht? In diesem Kapitel konzentrieren wir uns auf das letzte Kriterium – den Zeitaufwand. Dabei sind die zeitintensivsten Operationen eines Algorithmus das Lesen und Schreiben von und in Speicher. Mit der *Komplexität* eines Algorithmus ist in der Regel die Laufzeit und der benötigte Speicherplatz gemeint. Es wird davon ausgegangen, dass die Umgebung, in der ein Algorithmus läuft, keine Rolle spielt (also egal, ob ein Studierender mit Papier und Bleistift einen Algorithmus nachvollzieht; egal, welcher Compiler den Programmcode in Maschinenprogramm umwandelt; egal, welches Betriebssystem das Maschinenprogramm ausführt; egal, auf welcher Hardware das Betriebssystem läuft).

In diesem Kapitel interessiert uns das Laufzeitverhalten von Algorithmen unabhängig von der Umgebung.

14.4 Laufzeiten von Algorithmen

Stellen wir uns vor, man wäscht viele Teller mit der Hand ab. Die Telleranzahl ist die Eingabegröße. Weiter misst man die Zeit, die man braucht, um einen Teller abzuwaschen, um zwei Teller abzuwaschen, drei und immer so weiter. Dies trägt man in ein Koordinatensystem ein, also an der x-Achse ist die Anzahl der Teller verzeichnet und an der y-Achse ist die Zeit eingetragen, die man für den Abwasch der entsprechenden Zahl von Tellern gebraucht hat, siehe Abb. 14.3.

Wenn die Zeit gleichmäßig auf der y-Achse aufgetragen wird, kann man sehen, dass der Tellerwäscher sogar mit der Zeit ein bisschen schneller geworden ist (man hat anscheinend mehr Routine bekommen).

Misst man die Zeit für jede mögliche Anzahl von Tellern und trägt sie in das Koordinatensystem ein, erhält man eine Aufwandsfunktion f fürs Tellerabwaschen mit der Hand.

Einen *schnellen* Algorithmus zu haben, ist wichtig, wenn der Algorithmus viel benutzt wird (z. B. bei der Suche, bei Google z. B., und beim Sortieren). Laufzeitbetrachtungen kann man dann in Stunden, Minuten und Sekunden für einen konkreten Rechner umrechnen.

14.5 Berechnung der Laufzeit

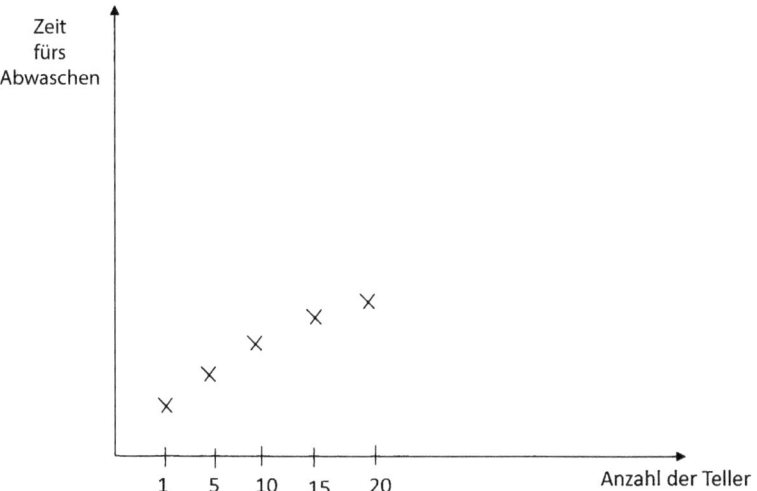

Abb. 14.3 Zeit fürs Tellerabwaschen

Die Laufzeit hängt von der Anzahl bzw. Länge der Eingabewerte ab, d. h. von der Größe des Problems, z. B. wie viele Bücher sortiert werden sollen oder wie viele Stellen eine Zahl hat, die invertiert werden soll.

Folgende Kenngrößen sind dabei interessant:

- die **mittlere** Laufzeit des Algorithmus und
- die Laufzeit im **schlechtesten** Fall.

Laufzeiten im besten Fall sind ein Glück und damit uninteressant.

Ein Algorithmus ist **effizient**, wenn er sehr gute Laufzeiten hat. Die **Komplexitätstheorie** beschäftigt sich mit der Aufteilung aller Probleme in Klassen bzgl. ihrer Lösbarkeit und Effizienz.

14.5 Berechnung der Laufzeit

Eine gute Pi-mal-Daumen-Regel für die Berechnung der Aufwandsfunktion eines Algorithmus ist es, alle Semikolons zu zählen, die im Programmcode des implementierten Algorithmus vorkommen. Eine Anweisung, beendet durch ein Semikolon, ist in der Regel eine Zuweisung, also das Schreiben eines Wertes in den Speicher des Rechners. Wie oft diese Zeilen mit Semikolons abgearbeitet werden, hat mit der Größe der Eingabe zu tun. Die Eingabegröße bestimmt in der Regel, welche if- oder else-Verzweigungen ausgeführt werden oder wie oft Schleifen durchlaufen werden. Es gelten folgende Regeln für die Berechnung der Aufwandsfunktion eines Algorithmus, siehe Tab. 14.1.

Tab. 14.1 Regeln für die Berechnung der Aufwandsfunktion eines Algorithmus

	Laufzeit
Jegliche Anweisungen (z. B. Zuweisung eines Wertes)	Konstanter Aufwand, unabhängig von der Eingabe (später $O(1)$ genannt)
Sequenz von Anweisungen	Summe der Laufzeiten der einzelnen Anweisungen
if/else Anweisung	Summe der Laufzeit für die Auswertung der Bedingung (oft $O(1)$) und der Laufzeit für den/die bedingt auszuführenden Schritte
Schleifen	Summe der Laufzeiten über alle Durchläufe und der innerhalb der Schleife auszuführenden Schritte

14.6 Definition Aufwand

Wenden wir uns nun konkreten Definitionen zu.

> **Definition**
> Eine *Aufwandsfunktion* f(n) ist die Berechnung der Zeit, die der Algorithmus braucht, um auf ein Ergebnis zu kommen, wobei n die Größe der Eingabe ist.
> Kann man die Aufwandsfunktion f(n) durch eine *einfache* Vergleichsfunktion g(n) abschätzen, und es gilt, dass alle Funktionswerte von f ab einer bestimmten Eingabegröße n_0 immer unter den Funktionswerten von g(n) liegen (d. h. f(n) <= c*g(n)) oder g ist eine asymptotische obere Schranke), dann kann man dies wie folgt beschreiben: $f(n) \in O(g(n))$.

In Abb. 14.4 wir der Merksatz bildlich dargestellt.

Der Algorithmus mit der Aufwandsfunktion f kann durch g abgeschätzt werden. Man sagt dazu, dass der Algorithmus einen „**Aufwand** O von g" hat. Dies wird auch **O-Notation** genannt und ist ein Weg in der Informatik, die Komplexität eines Algorithmus (z. B. bzgl. seiner Laufzeit) zu charakterisieren.

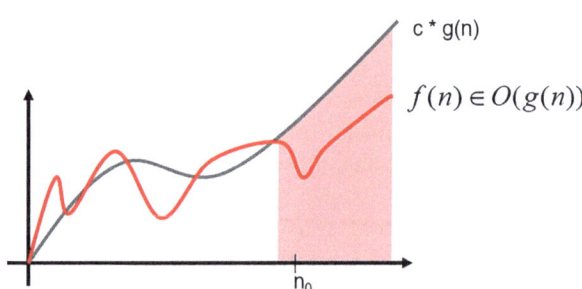

Abb. 14.4 Aufwandsfunktion

g sollte so klein wie möglich sein, um den Algorithmus so attraktiv wie möglich zu machen. g schätzt sozusagen dann den Mindestaufwand des Algorithmus ab.

> O(g(n)), wobei n die Größe der Eingabe ist, definiert den *Aufwand* (*Komplexität*) eines Algorithmus.

Im nächsten Kapitel geht es nun darum, wie man einfache Funktionen g finden könnte.

14.7 Bestimmung des Aufwandes

Die O-Notation ist also eine obere Grenze für eine Klasse von Funktionen. Aus der Aufwandsfunktion f ermittelt man die einfache Funktion g wie folgt:

- Von der Aufwandsfunktion f behält man nur die höchste Potenz (in Abhängigkeit von der Eingabe n) und
- lässt alle anderen additiven Konstanten und Terme mit kleiner Potenz abhängig von der Eingabegröße weg
- sowie alle konstanten Faktoren vor der höchsten Potenz.

> **Beispiele zur Berechnung des Aufwands**
>
> - Der Aufwand der Aufwandsfunktion f(n) = 3n + 5 ist O(n), da Konstanten und alle Terme mit kleinerer Potenz als der größten weggelassen werden können.
> - Der Aufwand der Aufwandsfunktion f(n) = 4n^3 + 2n^2 + n − 7 ist O(n^3).
>
> Hier einige einfache Funktionen, die als Aufwand geeignet sind: 1, log(n), n log(n), log(log(n)), n^2, n^3, $n^{\log(n)}$, 2^n, n! ◂

Wenn es wirklich wahr ist, dass man beim Tellerabwaschen mit der Zeit immer schneller wird, kann man als einfache Funktion g z. B. die Logarithmusfunktion vermuten. Dies muss man beweisen, damit g wirklich den Aufwand vom Tellerabwaschen beschreibt. Das Tellerabwaschen hätte dann den Aufwand „O von log n".

Der Bubblesort mit einem Aufwand von O(n^2) ist somit langsamer als der Quicksort mit einem Aufwand von O(n log n), weil die Funktion n log n mit der Zeit langsamer wächst als n hoch 2.

In der Regel ist es sehr schwer, die Funktion g zu finden oder besser gesagt die Funktion g mit dem *geringsten* Wachstum zu finden, die den Aufwand des Algorithmus nachweisbar abbildet. Die Beweisführung dafür gehört zum Aufgabengebiet von Komplexitätsforschern. Ein Algorithmus ist umso besser, je schneller er ist. Das muss man aber beweisen können, sonst ist es nur eine Behauptung und keine Garantie. Also sind Wissenschaftler bestrebt, die bestmögliche Komplexität O von g für ihren Algorithmus zu finden und diese zu beweisen, um den Algorithmus dann so teuer wie möglich verkaufen zu können.

14.8 Wichtige Komplexitäten („Aufwände")

Folgende Komplexitäten sollen extra hervorgehoben werden, da sie sehr bekannt sind:

Konstante Komplexität O(1) Laufzeit ist nicht von der Eingabe abhängig (z. B. Erhöhung einer ganzen Zahl um eins).

Lineare Komplexität O(n) Laufzeit wächst proportional mit der Eingabe (z. B. Fibonacci mit Zwischenspeicher, sequenzielle Suche, einfache Schleifen).

Quadratische Komplexität O(n^2) Doppelt so große Eingabe vervierfacht die Laufzeit (z. B. Bubblesort, verschachtelte Schleifen).

Kubische Komplexität O(n^3) Zum Beispiel Matrixmultiplikation.

Logarithmische Laufzeit O(n log n) Zum Beispiel Quicksort.

Polynomiale Laufzeit O(n^k) Eingabegröße geht in die Basis ein.

Exponentielle Komplexität O(2^n) Eingabegröße geht in den Exponenten ein (z. B. kürzesten Weg finden für den Handelsreisenden).

Zunahme gemäß Fakultät O(n!) Zum Beispiel Bildung aller Permutationen.

> Ein Algorithmus ist *nicht effizient*, wenn die Eingabegröße in den Exponenten des Aufwandes wandert.

14.9 Aufteilung aller Probleme

Ob ein Problem *algorithmisch lösbar* ist oder nicht, hat mit dem Aufwand der Entwicklung des Algorithmus zu tun (auch Berechenbarkeit genannt).

Ob ein Problem *praktisch lösbar* ist oder nicht, hat mit dem Aufwand der Ausführung des besten bekannten Lösungsalgorithmus zu tun.

Für die Einteilung in praktisch lösbare und praktisch nicht lösbare Probleme existiert folgende Definition:

14.9 Aufteilung aller Probleme

Praktisch nicht lösbare Probleme Es existieren bis jetzt nur Algorithmen, wo die Eingabegröße in den Exponenten der Aufwandsfunktion eingeht.

Praktisch lösbare Probleme Es existieren Algorithmen mit polynomialer Laufzeit. Das heißt, die Eingabegröße geht in der Aufwandsfunktion in die Basis ein.

Die Grenze zwischen praktischen lösbaren und praktisch nicht lösbaren Problemen ist nicht *scharf*. Das heißt so ungefähr, dass es keinen Beweis bis jetzt für diese Behauptung gibt.

P- und NP-Probleme
Effiziente Probleme werden in der Klasse *P* (wie *polynomial*) zusammengefasst, weil die Eingabegröße im Aufwand in der Basis bleibt.

Die Menge aller Probleme, deren Lösung effizient auf Korrektheit überprüfbar ist, heißen *NP-Probleme*. Im folgenden Bild ist dargestellt, dass es sehr lange dauert, um von einer großen Zahl die beiden Primfaktoren zu finden, aus der sie durch Multiplikation gebildet wurde. In der Regel ist man fast tot, ehe man diese gefunden hat. Es ist aber supereinfach zu überprüfen, ob die gefundenen Primfaktoren die richtigen sind. Man gibt sie einfach in einen Taschenrechner ein und überprüft, ob die anfängliche Ausgangszahl beim Multiplizieren der beiden gefundenen Primzahlen rauskommt, siehe Abb. 14.5.

Abb. 14.5 NP-Probleme

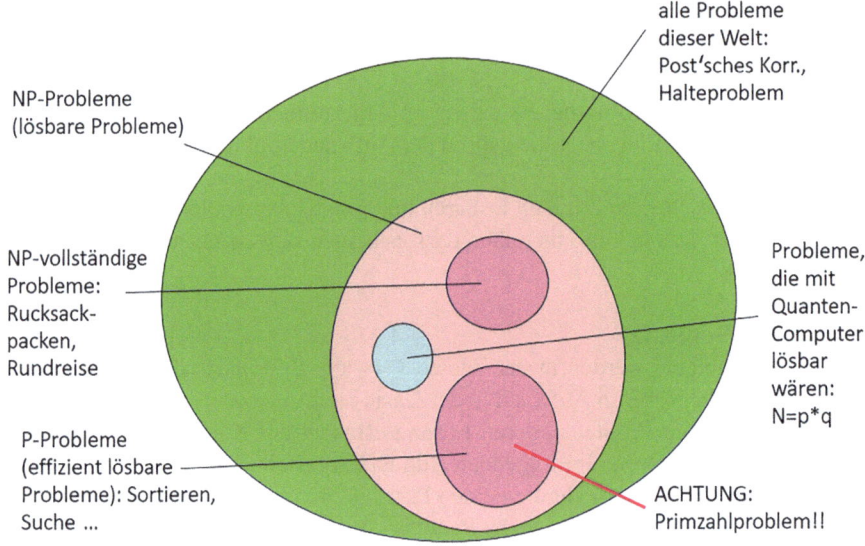

Abb. 14.6 Aufteilung der Probleme

Alle Probleme können wie in Abb. 14.6. eingeteilt werden.

Im nächsten Abschnitt wird kurz erklärt, was es mit der Bemerkung „ACHTUNG Primzahlproblem!!" auf sich hat.

Es ist empfehlenswert, sich über das *Postsche Korrespondenzproblem* und das Halteproblem im Internet zu belesen. Da trifft sich die Philosophie mit der Informatik.

14.10 Das große offene Problem der Informatik

Es ist ein offenes Problem, ob sich die ineffizienten Probleme nicht doch mit polynomialem Aufwand lösen lassen, also ob Folgendes gilt: **NP = P?** Schon seit vielen Jahren sind viele Wissenschaftler auf der Suche nach der Lösung dieses Problems. Nur einmal gab es bis jetzt einen Teilerfolg. Für das *Primzahlproblem* (Ist eine Zahl eine Primzahl?) wurde 2002 ein Algorithmus mit polynomialer Laufzeit gefunden.

Das **P/NP**-Problem gehört zu den *sieben* wichtigsten Problemen der Mathematik und Informatik. Für die Lösung des P/NP-Problems kann man eine Prämie von **1.000.000 $** gewinnen (siehe Clay Mathematics Institute: https://www.claymath.org/millennium-problems).

14.11 Zusammenfassung

Es gibt Probleme, die nicht von Rechnern gelöst werden können. Es gibt Probleme, die nur sehr aufwendig von Rechnern gelöst werden können. Aufwendig lösbare Probleme spielen eine große Rolle in der Kryptografie. Es gibt allerdings keinen Beweis,

14.12 Übung

Wie viele Rechenoperationen sind für die linke und für die rechte Seite der Formel notwendig?

$$1^2 + 2^2 + 3^2 + 4^2 + \ldots + (n-1)^2 + n^2 = \frac{n \cdot (n+1) \cdot (2n+1)}{6}$$

Additionen:	??	Additionen:	?? ?
Multiplikationen:	??	Multiplikationen:	??
Divisionen:	??	Divisionen:	??
f(n)=	??	f(n)=	??
Aufwand:	??	Aufwand:	??

Fragen

1. Welcher Fall ist der uninteressanteste?
   A) Durchläufe eines Algorithmus im schlechtesten Fall
   B) Durchläufe eines Algorithmus im besten Fall
   C) Durchläufe eines Algorithmus im Mittel
   Richtige Antwort: B
2. Welche Probleme kann ein Rechner in der Realität lösen?
   A) Probleme, für die ein Algorithmus existiert
   B) Probleme, für die ein effizienter Algorithmus existiert
   C) Alle Probleme, man hat nur noch nicht für alle einen Algorithmus gefunden
   Richtige Antwort: B
3. Wie hoch ist der Aufwand folgenden Codes?

   ```
   for(i=0;i<n;i++;){
       for(j=0;j<=m;j++){
           printf("Hallo! ");
       }
   }
   ```

   A) n hoch 3
   B) n hoch 2
   C) n

Richtige Antworten: 1: B, 2: B, 3: B

15 Ein Anwendungsbeispiel – die Kryptografie

Dies ist ein Kapitel, in dem auf ein Anwendungsfeld der Informatik tiefer eingegangen werden soll: die Kryptografie. Jedes andere Gebiet wäre genauso interessant gewesen, aber mit Kryptografie hat jeder zu tun, der im Internet einkauft oder Onlinebanking nutzt. Es ist immer gut zu wissen, wie die Dinge funktionieren, die man viel benutzt. Deshalb geht es hier um Fragen wie z. B., ob Onlinebanking überhaupt sicher ist und wie das genau abläuft, wenn man mit seiner Bank kommuniziert.

Kryptografie hängt natürlich sehr eng mit IT-Sicherheit zusammen. In diesem Kapitel wird sich aber auf die Verschlüsselung selbst konzentrieren, speziell auf die Public-Key-Verschlüsselung und die Quantenverschlüsselung.

Sehr empfehlenswert ist das Buch von Singh (2001).

15.1 Allgemeiner Verschlüsselungsablauf

Bei einer Verschlüsselung wollen zwei Personen, z. B. Alice und Bob, sich ungestört unterhalten (reden oder schreiben). Für jemanden Dritten, z. B. Eve, der die beiden belauscht oder eine schriftliche Nachricht abfängt, soll das Erlauschte bzw. Abgefangene keinen Sinn machen (also kryptisch bleiben), ganz egal, welche Entschlüsselungsversuche sie unternimmt.

Eine Verschlüsselung läuft immer wie in Abb. 15.1. ab.

Die Person SENDER (also z. B. Alice) will der Person EMPFÄNGER (z. B. Bob) eine private Nachricht (im Bild *Klartext* genannt, also einen Text sichtbar oder hörbar oder sonst irgendwie dargestellt, die für jedermann verständlich ist) schicken. Die Nachricht wird verschlüsselt verschickt (im Bild *Geheimtext* genannt, von niemandem verständlich, bei Schrifttext sieht das z. B. aus wie Wörter einer unbekannten Sprache). Der Empfänger, also Bob, kann die Nachricht entschlüsseln. Zur Verschlüsselung wird ein Algorithmus benutzt, also eine Anleitung für die Veränderung der Zeichen/Buchstaben im Text, die eindeutig und ausführbar ist und irgendwann stoppt, siehe früheres Kapitel: Definition eines Algorithmus. Wie die

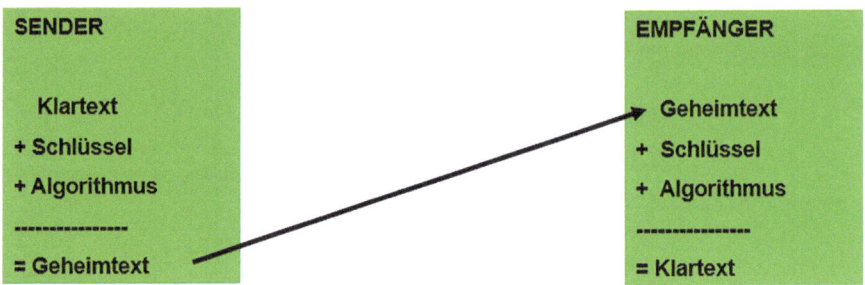

Abb. 15.1 Ablauf einer Verschlüsselung

Buchstaben verändert werden, hängt von einem Schlüssel ab, der als eine Parametrisierung des Algorithmus angesehen werden kann. Für verschiedene Schlüssel berechnet der Algorithmus bei gleichem Klartext unterschiedliche Geheimtexte. Hat man nicht den richtigen Schlüssel zum Entschlüsseln, ist es sehr schwer, vom Geheimtext auf den Klartext zu kommen bzw. diesen zu erraten.

Wie die Begriffe schon vorgeben, kann man sich auch eine Tür vorstellen, die mit einem Schlüssel abgeschlossen wurde. Nur der, der den Schlüssel hat, kann die Tür wieder aufschließen. Übrigens, in der Kryptografie gibt es Verfahren, wo der Schlüssel zum Zuschließen ein anderer sein kann als der zum Aufschließen.

Die Sicherheit der Verschlüsselung *darf nicht* von der Geheimhaltung des Algorithmus abhängen, sondern *nur* von der Geheimhaltung des Schlüssels. Dies wurde schon 1883 im Kerckhoff'schen Prinzip formuliert. Deshalb können in diesem Kapitel solche Verschlüsselungsalgorithmen auch erklärt werden, weil sie eben allgemein bekannt sind.

Bei einer Tür weiß auch jeder (jedenfalls in der Regel, manche Türen haben auch ihre Tücken), wie man sie aufschließt (also Schlüssel ins Schlüsselloch stecken und mehrmals oder einmal umdrehen in eine bestimmte Richtung). Bei der Kryptografie beschreibt der Algorithmus dieses Vorgehen.

15.2 Kurz ein paar Bemerkungen zur Geschichte der Verschlüsselung

Kryptografie hat an sich nichts mit Programmierung und Informatik zu tun. Erst im letzten Jahrhundert wurden Mathematiker, dann Informatiker zur Entschlüsselung hinzugezogen. In den 70er-Jahren hatten mehrere Personen eine geniale Idee, mit der man einfach auf Computerebene verschlüsseln kann, ohne sich vorher treffen zu müssen, um sich auf Schlüssel zu einigen. Allein schon, weil diese Idee (Public-Key-Verfahren) so großartig ist, *muss* sie hier in diesem Buch beschrieben werden.

Bezüglich Kryptografie ohne Bezug zur Informatik ist der erste bekannte Kryptografiefall Maria Stuarts Komplott gegen Elisabeth die Erste im 16. Jahrhundert. Dieses Komplott konnte aufgedeckt werden, weil eine monoalphabetische Verschlüsselung bei ihren Briefen an ihre Vertrauten genutzt wurde. Bei einer monoalphabetischen Verschlüsselung werden Buchstaben und Wörter durch andere Symbole ersetzt; dies wird auch Substitution genannt. Entschlüsselt wurden die Nachrichten durch die Häufigkeitsanalyse (wenn man die Sprache kennt, die benutzt wird, kann man aus den häufigsten verwendeten Symbolen auf die häufigsten Buchstaben der Sprache schließen, z. B. ist im Deutschen e der häufigste Buchstabe).

Eine andere Verschlüsselung ist die Transposition, das Vertauschen der Buchstaben im Text nach einem bestimmten Vertauschalgorithmus, wie z. B. EHRENSENF aus FERNSEHEN entstanden ist.

Im 1. Weltkrieg nutzte man eine Mischung von Substitution und Transposition, das sogenannte **ADFGVX-System**. Um dies zu entschlüsseln, wurden erstmalig zu Sprachwissenschaftlern auch Mathematiker hinzugezogen.

Im 2. Weltkrieg wurde eine Chiffriermaschine genutzt. Alle Kriegsparteien haben damals Rotormaschinen benutzt, aber die Enigma wurde besonders bekannt. Alan Turing, der Begründer der Informatik, half in England (im Bletchley Park), diese mit Vorläufern eines Computers, sogenannten Bomben, zu entschlüsseln.

In Abb. 15.2 sieht man eine Chiffriermaschine aus dem Exitspiel mit dem Känguru.

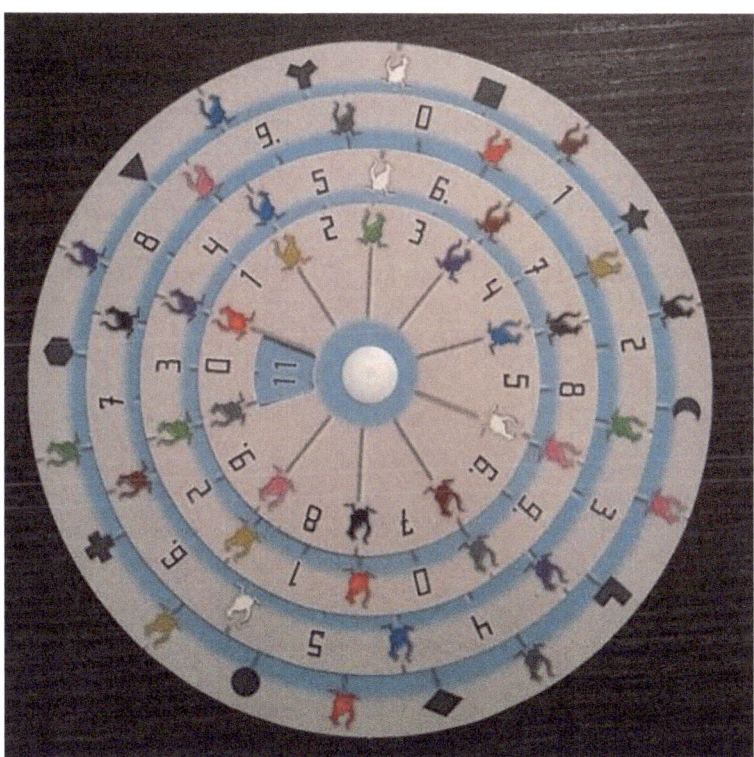

Abb. 15.2 Chiffriermaschine aus dem Exitspiel mit dem Känguru

15.3 Verschlüsselung heute im Computerzeitalter

In diesem Kapitel wird beschrieben, wie man heutzutage mithilfe des Computers und sehr genialen Algorithmen Informationen verschlüsselt. Zuerst wird daran erinnert, dass man alle Zeichen und Zahlen in Folgen von Nullen und Einsen durch eine allen bekannte Abbildungsvorschrift (ASCII-Codierung) eindeutig umwandeln kann. Die auf diese Weile entstandenen Folgen von Nullen und Einsen verschlüsselt man dann mithilfe von Algorithmen, die in der Regel Probleme der Mathematik aus dem Gebiet der Zahlentheorie ausnutzen und die in die eine Richtung effizient berechenbar (also praktisch mit einem Rechner berechenbar) sind, aber in die Rückrichtung nur ineffizient (also eigentlich unmöglich) zu berechnen sind.

Vorbereitung – Codierung

Im Computerzeitalter codiert man mithilfe der ASCII-Codierung (siehe Kapitel: Informationsdarstellung) Texte mit Nullen und Einsen.

Zum Beispiel kann man mit der ASCII-Codierung das Wort HALLO durch Nullen und Einsen darstellen:

H: 1001000
A: 1000001
L: 1001100
O: 1001111

Weiter unten soll das Wort HALLO mit einem Schlüssel DAVID verschlüsselt werden. Der Schlüssel ist in diesem Falle genauso lang wie der zu verschlüsselnde Text selbst. In der Regel ist das nicht so, dann wird das Schlüsselwort einfach immer hintereinander geschrieben, bis es so lang wie der zu verschlüsselnde Text ist.

Die Buchstaben aus DAVID lassen sich via ASCII wie folgt darstellen:

D: 1000100
A: 1000001
V: 1010110
I: 1001001

Ein Geheimtext könnte dann entstehen wie in Tab. 15.1. in der untersten Zeile:
Dabei werden gleiche Zahlen an der gleichen Stelle in der Botschaft und im Schlüssel zu Nullen im Geheimtest gesetzt und ungleiche zu Einsen. Zum Beispiel

Tab. 15.1 Codierung einer Nachricht mit dem Schlüssel DAVID

Botschaft:	H	A	L	L	O
Botschaft in ASCII	1001000	1000001	1001100	1001100	1001111
Schlüssel = DAVID	1000100	1000001	1010110	1001001	1000100
Geheimtext	0001100	0000000	0011010	0000101	0001011

beginnt der Klartext (Botschaft) HALLO mit einer 1, der Schlüssel DAVID auch mit einer 1, diese sind beide gleich, also kommt an diese Stelle im Geheimtext eine 0.

Das Problem der Schlüsselfestlegung bzw. Schlüsseleinigung:
Wie löst man das Problem des *geheimen* Schlüssels? Wie einigt man sich wie oben auf den Schlüssel DAVID? Man will sich ja zu Zeiten des Internets und seiner Kommunikationsmöglichkeiten mit weit entfernten Menschen nicht ständig treffen müssen, um sich auf einen Schlüssel zu einigen, den man für die Verschlüsselung nutzen will.

1974 hatten Whitfield Diffie und Martin Hellman eine geniale Idee, wie man sich auf einen Schlüssel zwischen zwei Personen einigen könnte, hier Alice und Bob genannt, sodass alles über öffentliche Kanäle (Post oder Internet) abliefe, aber eine Schnüffelperson, hier Eve genannt, nicht an die Nachricht ränkäme.

In der Literatur (z.B. Singh (2001)) wurde dieses Verfahren sehr anschaulich mit Vorhängeschlössern folgendermaßen beschrieben.

Alice will an Bob eine geheime Nachricht schicken:

1. Alice legt eine Nachricht in eine Eisenkiste, verschließt diese mit einem Vorhängeschloss und einem Schlüssel und behält den Schlüssel.
2. Alice schickt die Eisenkiste mit der Post an Bob.
3. Bob hängt ein eigenes Vorhängeschloss an die Kiste und behält den Schlüssel zu seinem Schloss.
4. Bob schickt die Kiste zurück an Alice mit der Post.
5. Alice nimmt ihr Schloss von der Kiste mithilfe ihres Schlüssels und schickt die jetzt noch mit dem Schloss von Bob verschlossene Kiste mit der Post an Bob zurück.
6. Bob muss nun nur noch sein eigenes Vorhängeschloss öffnen und kann die Nachricht von Alice lesen.

Kein Schlüssel wurde ausgetauscht und trotzdem konnte niemand außer Bob die Nachricht von Alice lesen. Man geht davon aus, dass die Eisenkiste nur über das Öffnen des Vorhängeschlosses zu öffnen ist.

Führen wir das noch mal mithilfe der Mathematik durch:

Alice will sich mit Bob auf einen Schlüssel unter Nutzung der Funktion *7 hoch x modulo* 11 einigen.

Bemerkung 7 hoch x bedeutet die x-te Potenz von 7, also x mal die 7 auf multipliziert. *Modulo* ist eine Rechenoperation. Das Ergebnis dieser Operation ist der Rest bei einer ganzzahligen Division. Teilt man z. B. 5 durch 2, bleibt als Rest die 1, man schreibt dann 5 modulo 2 = 1.

▶ **Achtung:** Man kann auch eine andere Zahl als 7 oder 11 wählen. Aber 11 muss aus bestimmten mathematischen Gründen eine Primzahl sein.

Hier der Ablauf, wie man sich auf einen Schlüssel einigt. Alice und Bob tauschen bestimmte Informationen über öffentliche Kanäle aus:

1. Alice wählt eine beliebige zufällige Zahl (z. B. 3) und nennt sie **A** und hält sie geheim.
2. Bob wählt eine beliebige zufällige Zahl (z. B. 6) und nennt sie **B** und hält sie geheim.
3. Alice berechnet: 7 hoch A modulo 11 = 7 hoch 3 modulo 11 = 343 modulo 11 = 2 und nennt das Ergebnis α.
4. Bob berechnet: 7 hoch B mod 11 = 7 hoch 6 mod 11 = 117649 mod 11 = 4 und bezeichnet das Ergebnis mit β.
5. Alice schickt die Zahl α an Bob über öffentliche Kanäle. Bob schickt die Zahl β an Alice über öffentliche Kanäle.
6. Alice nimmt Bobs gesendete Zahl und rechnet: β hoch A modulo 11 = 4 hoch 3 modulo 11 = 64 modulo 11 = 9. Alice erhält also als Ergebnis 9.
7. Bob nimmt Alices gesendete Zahl und rechnet: α hoch B modulo 11 = 2 hoch 6 modulo 11 = 64 modulo 11 = 9. Bob erhält also dasselbe Ergebnis wie Alice.
8. 9 ist der Schlüssel, so ähnlich wie im vorherigen Beispiel das Schlüsselwort DAVID.

Alle öffentlichen Informationen (die Funktion: 7 hoch x modulo 11 und die Zahlen α und β) nutzen Schnüfflern nichts, um an die Zahl 9 zu gelangen. Warum? Diese Funktion ist eine sogenannte **Einwegfunktion**, d. h., sie ist fast nicht (also eigentlich nicht, aber das wurde bis jetzt nicht bewiesen) umkehrbar (z. B. wie die Suche nach einer Telefonnummer in einem klassischen Papiertelefonbuch). Das heißt, es ist sehr einfach, 7 hoch x modulo 11 zu berechnen, wenn man x kennt. Hat man dagegen das Ergebnis und kennt die Funktion, ist es geradezu unmöglich, das x zu berechnen. Ob dies wirklich eine Einwegfunktion ist, ist bis heute ein offenes Problem. Auf alle Fälle ist nicht bekannt, dass die Umkehrung bis heute jemandem in praktischer Zeit (also mit einem effizienten Algorithmus) gelungen wäre. Das Problem der Einwegfunktion ist so ähnlich wie die Vermischung gelber und blauer Farbe zu grün. Aus Grün ist es sehr schwer, Blau und Gelb zu trennen.

Alice und Bob nutzen das *Problem des diskreten Logarithmus mit modulo einer großen Primzahl* aus. Dies geht bis heute nur durch systematisches Ausprobieren, was sehr sehr lange dauert, so lange, dass die Sonne ein kalter Brocken ist, wenn Y und P in Y hoch x modulo P groß genug gewählt wurden.

Dies ist das erste bekannte Schlüsselaustauschverfahren, bei dem es möglich ist, *geheime* Schlüssel über *öffentliche* Kanäle zu vereinbaren.

Symmetrische Verschlüsselung
Bei der symmetrischen Verschlüsselung verschlüsselt und entschlüsselt man mit demselben Schlüssel. Man schließt also die Tür mit demselben Schlüssel zu wie auf, siehe Abb. 15.3.

Es wurde Ende der 1990er bekannt, dass das britische GCHQ (Großbritanniens „intelligence, security and cyber agency") schon kurz vor der Veröffentlichung von

15.3 Verschlüsselung heute im Computerzeitalter

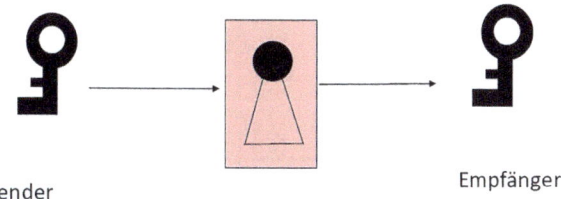

Abb. 15.3 Symmetrische Verschlüsselung

RSA ein asymmetrisches Verschlüsselungsverfahren entwickelt hatte. Das haben sie als Geheimdienst aber natürlich seinerzeit nicht veröffentlicht, glaubte man bis dahin, dass Sender und Empfänger immer *gemeinsam* einen geheimen Schlüssel benötigen (also einen Schlüssel zum Auf- und Zuschließen einer Tür).

Das RSA-Verfahren, ein asymmetrisches Verschlüsselungsverfahren
Mit einem noch einfacher zu handhabenden Verfahren gingen 1977 Ronald Rivest, Adi Shamir und Leonard Adleman an die Öffentlichkeit. Sie nutzen das noch nicht effizient gelöste Faktorisierungsproblem aus. In diesem Verfahren müssen die Parteien vorher *nicht* kommunizieren, um sich auf einen Schlüssel zu einigen, mit dem sie sich verschlüsselte Botschaften schicken können. Beiden muss nur der Ablauf vorher bekannt sein.

Dieses Verfahren benutzt man z. B. bei der Kommunikation mit seiner Bank oder beim Einkaufen im Internet.

Die Grundidee ist die folgende: Jeder kann etwas in einen öffentlichen Briefkasten reinwerfen, aber nur der mit dem privaten Briefkastenschlüssel kann den Briefkasten öffnen und die Nachricht herausholen, siehe Abb. 15.4.

Bob muss einen öffentlichen Schlüssel ($\approx$ Briefkasten) erzeugen, den er *öffentlich* irgendwo hinstellt/hinhängt. Der öffentliche Schlüssel muss durch eine Einwegfunktion erzeugt sein. Bob muss die ihm geschickten Nachrichten entschlüsseln können. Dazu braucht er einen *privaten* Schlüssel.

Mathematisch ausgenutzt wird bei RSA das folgende Problem (Faktorisierungsproblem): p * q = N (mit p und q Primzahlen – Zahlen, die nur durch sich selbst und 1 teilbar sind), wobei N *leicht* zu berechnen ist (z. B. mit einem Taschenrechner). Hat man dagegen N und will p und q berechnen, ist das praktisch *unmöglich* und bis heute nur durch systematisches Ausprobieren möglich, wenn p und q genügend groß sind. Es gibt schon Algorithmen, die besser als Ausprobieren sind (quadratisches Sieb, Zahlkörpersieb). Aber auch das sind eben keine Algorithmen mit polynomiellem Laufzeitverhalten.

N wäre dann Bobs *öffentlicher* Schlüssel, p und q seine geheimen *privaten* Schlüssel.

1977 veröffentlichen die drei Erfinder von RSA folgende Zahl für N:

11438162575788886766923577991614661201021829672124236256256184293570693524573389783059712356395870505989907514759929002687954354 1.

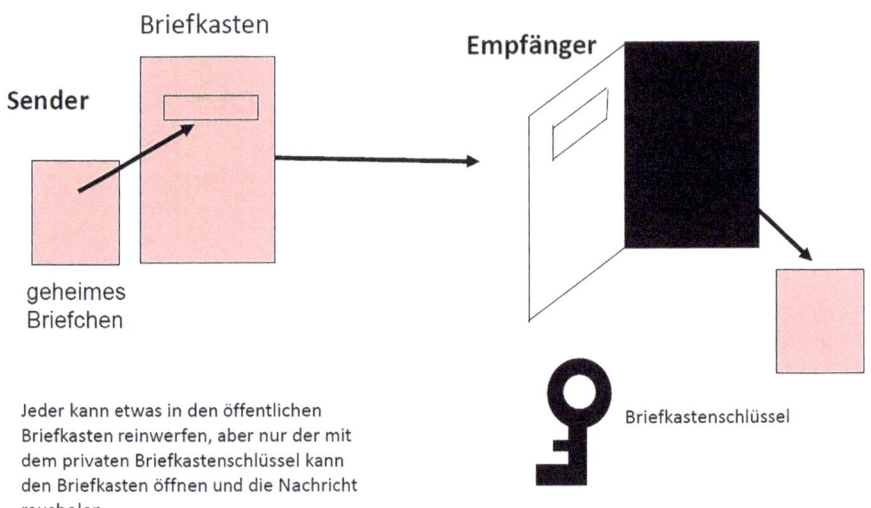

Jeder kann etwas in den öffentlichen Briefkasten reinwerfen, aber nur der mit dem privaten Briefkastenschlüssel kann den Briefkasten öffnen und die Nachricht rausholen.

Abb. 15.4 Darstellung der Idee asymmetrischer Verschlüsselung

Erst **1994** hatte eine Gruppe von Freiwilligen die Lösung gefunden:

q = 34905295108476509491478496199038981334177646384933878439908205 77
p = 32769132993266709549961988190834461413177642967992942539798288533

Bemerkung Eigentlich wurde RSA eher gefunden, und zwar 1975, aber von den Briten geheim gehalten. Die Ersterfinder sind eigentlich James Ellis, Clifford Cocks und Malcom Williamson.

Ablauf des RSA-Verfahren mithilfe eines Beispiels

1. Vorbereitung:
    a. Alice will Bob eine Nachricht **X** (wie Schmatzer) schicken.
    b. Umwandlung von X in die bekannte ASCII-Codierung: **1011000**,
    c. was als Dezimalzahl die **88** ist.
    d. Also könnte 88 die zu verschlüsselnde Nachricht sein.
  Im folgenden Beispiel ist die Nachricht allerdings 2 („JA", ich heirate dich), damit die Rechnungen nicht so riesig werden:
2. Bob wählt zwei *riesige* Primzahlen (hier sind sie nicht wirklich riesig, um „Papier" zu sparen) p, q, z. B. p = 3 und q = 11. Diese Zahlen bleiben geheim. Bob berechnet: p*q = N, also 3*11 = 33.
3. Bob berechnet weiter d = (p − 1)(q − 1) = 2*10 = 20 und wählt zwei weitere Zahlen e und f, z. B. e = 7 und f = 3, mit e*f/d hat Rest 1 (das hat technische Gründe und wird hier nicht weiter erklärt).
4. Bob veröffentlicht **e** und **N** als sein *öffentliches* Schlüsselpaar, f ist sein *geheimer (privater)* Schlüssel.

5. Alice will die Nachricht 2 (JA, ich heirate Dich) schicken. Alice verschlüsselt ihre Nachricht mit Bobs öffentlichen Schlüsseln wie folgt: C = 2^e(mod N) = 2^7(mod 33) = 29.

   Bemerkung: Es gibt clevere Methoden in der Mathematik, die diese Rechnung schnell ausführen!
6. Alice schickt die Nachricht C = 29 an Bob.
7. Bob entschlüsselt die Nachricht mit seinem privaten Schlüssel f wie folgt:

$$C^f \pmod{N} = 29^3 \pmod{33} = 2,$$

was JA, ich heirate Dich, bedeutet.

Da die symmetrische Verschlüsselung sehr viel schneller geht als die *asymmetrische*, nutzt man dieses Verfahren *nur*, um sich mit seiner Bank auf einen Schlüssel für die danach erfolgende *symmetrische* Verschlüsselung zu einigen, mit dem man den Rest der Kommunikation abhandelt. Man wirft also den symmetrischen Schlüssel (den man zufällig vorher erzeugt hat) in den öffentlichen Briefkasten der Bank, siehe Abb. 15.5.

Die öffentlichen „Briefkästen" der Banken und Einkaufswebseiten befinden sich übrigens nicht direkt auf der Webseite der Banken oder Onlineshops, sie sind bei Zertifizierungsfirmen hinterlegt und staatlich abgesichert. Das HTTPS-Protokoll regelt den gesamten Ablauf, dazu später ein bisschen mehr. Im Webbrowser kann man sich den öffentlichen RSA-Schlüssel ansehen oder jeden anderen Schlüssel, wenn andere Verfahren als RSA genutzt werden. RSA ist zurzeit immer noch das am häufigsten genutzte Verschlüsselungsverfahren. Zurzeit (2021) sind die Schlüssel in der Regel 2048 Bits lang. Das BSI (Bundesamt für Sicherheit in der Informationstechnik) empfiehlt seit 2023 sogar eine Schlüssellänge von 3000 Bits.

Wenn Quantencomputer technisch so weit sind, dass sie sicher große Berechnungen ausführen können, hat es sich mit der Nutzung des Faktorisierungsproblems erledigt. Ein Quantencomputer kann dieses Problem mit Leichtigkeit lösen, es existieren dafür schnelle Algorithmen. Übrigens könnte ein Quantencomputer nicht die Rundreise oder das Zimmeraufteilungsproblem effizient lösen.

Zum Glück gibt es aber schon neue Ideen für die Verschlüsselung, z. B. die Quantenkryptografie.

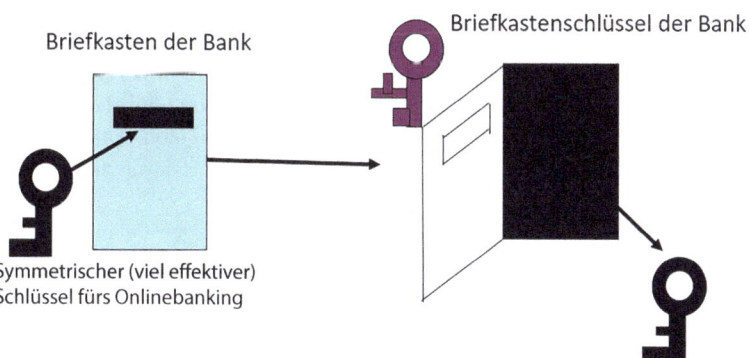

Abb. 15.5 Verschlüsselungsablauf mit der Bank

15.4 Quantenkryptografie

Quantenkryptografie hat nichts mit Quantencomputern zu tun, sondern nur mit Quanten, kleinen „Paketen" wie Elektronen oder Protonen.

Mit der Quantenkryptografie kann man sehr einfach (aber bis jetzt leider nur sehr teuer) hundertprozentig sicher Informationen verschlüsseln.

Quanten haben als „Pakete" einen sogenannten Spin, auch Polarisation genannt. Das kann man sich wie eine Ausrichtung eines Teilchens vorstellen oder wie eine Schwingung einer Welle in eine bestimmte Richtung. Diese Ausrichtung kann entweder vertikal (−) oder horizontal (|) sein oder links geneigt (\) oder rechts geneigt (/). Es gibt somit zwei Versionen von Quanten bzgl. ihrer Polarisation.

Im B84-Protokoll, 1984 von Bennett und Brassard entwickelt, werden die zwei Polarisationen von Quanten wie folgt interpretiert:

- Ein Teilchen mit nach rechts geneigtem Spin bzw. Polarisation, also /, kann z. B. als binäre 1 interpretiert werden,
- Ein Teilchen mit nach links geneigtem Spin bzw. Polarisation, also \, kann als binäre 0 interpretiert werden.
- Ein Teilchen mit waagerechtem Spin bzw. Polarisation, also −, kann auch als binäre 1 interpretiert werden und
- ein Teilchen mit senkrechtem Spin, also |, dann wieder als binäre 0 interpretiert werden.

Quanten können mit Filtern (technische Hilfsmittel für die Messung bestimmter Dinge) gemessen werden, indem man diese „hoch hält", wenn ein Photon „angeflogen" kommt:

- Das X-Filter (einfache Vorstellung: Papier mit einem Schlitz, der wie ein X aussieht) misst Quantenpolarisationen / und \, d. h., es lässt diese Quanten durch, wodurch man sie messen kann.
- Das +-Filter (Papier mit einem Schlitz, der wie ein Pluszeichen aussieht) misst Quantenpolarisationen − und |, es lässt sie also durchs Filter, wodurch diese gemessen werden können.

Das alleine nutzt eigentlich noch gar nichts fürs Verschlüsseln von Daten.

Aber bei der Messung von Polarisationen von Quanten mit Filtern gibt es ein sehr komisches Verhalten: Ein horizontal polarisiertes Photon wird durch ein +-Filter *immer* richtig durchgelassen, aber auch mit einer 50%igen Wahrscheinlichkeit durch ein x-Filter, wobei das Photon dann *zufällig* nach Passieren des Filters in seiner Polarisation abgeändert wird.

Diese seltsame Eigenschaft kann man geschickt bei der Quantenkryptografie ausnutzen. Sie ermöglicht es, dass diese Art der Verschlüsselung absolut sicher ist und von niemandem abgehört werden kann. Und wenn doch, würde man dies zu 100 % bemerken.

15.4 Quantenkryptografie

Im Folgenden wird die Verschlüsselung unter Ausnutzung quantenmechanischer Effekte genau beschrieben.

B84 Verfahren: Schlüsseleinigung mithilfe von Quanten
Alice und Bob wollen sich auf einen Schlüssel einigen, mit dem sie dann später symmetrisch ihre Nachrichten verschlüsseln können.
Hier der Ablauf einer Schlüsseleinigung nach dem B84-Verfahren:

1. Alice schickt Bob zufällig polarisierte Photonen mithilfe eines Gerätes.
2. Bob hält zufällig ein Filter hoch/hin (+ oder x) und fängt die Photonen mit einer bestimmten Polarisation auf. Die erhaltene Polarisation schreibt er sich auf.
3. Bob und Alice rufen sich über das öffentliche Telefon an: Bob erzählt Alice (und auch allen Mithörern), welches Filter er jeweils benutzt hat. Alice sagt Bob, wann er immer das falsche Filter benutzt hatte und somit die Polarisation der Photonen verfälscht wurde. Über das Telefon werden also keine Informationen über echte Werte, wie 0 oder 1, gegeben, sondern nur ob das richtige Filter benutzt wurde.
4. Als Schlüssel für die Kommunikation zwischen Alice und Bob werden nur die Photonen gewählt, die durch das *richtige* Filter gekommen sind, also bei dem Bob zufällig das richtige Filter zum Auffangen benutzt hat.
5. Zur Sicherheit werden die ersten 10 bis 20 Zahlen des Schlüssels zwischen Alice und Bob verglichen und dann verworfen (also ein Lauscher hätte auch davon nichts, weil genau die genannten Zahlen dann NICHT zum Schlüssel gehören werden). Sind die Zahlen gleich, kann man sich sicher sein, dass kein Lauscher den Quantenauffangprozess gestört hat. Außerdem würde der Lauscher beim Abhören eben wieder zwangsläufig die Polarisation verändern.

In Tab. 15.2 sieht man ein Beispiel für den Ablauf.

Die erste Zeile gibt die Polarisation der Photonen an, die Alice zufällig mithilfe eines Gerätes erzeugt und in Richtung Bob schickt, sodass er die Polarisation der Photonen messen kann. Alice schickt also Photonen mit einer Polarisation wie folgt los: rechts geneigt, rechts geneigt, links geneigt, links geneigt, waagerecht, waagerecht …

Bob hält nun zufällig Filter hoch (zweite Zeile in der Tabelle), um die Polarisation der Photonen zu messen. Er hält zuerst ein X-Filter hoch, dann ein +-Filter, dann wieder ein X-Filter usw. Dabei misst Bob folgende Polarisationen (dritte Zeile der Tabelle): rechts geneigt, senkrecht, links geneigt, waagerecht … und notiert sie sich.

Tab. 15.2 Beispiel für das B84-Verfahren

Von Alice gesendete Polarisation	/	/	\	\	–	–				
Von Bob verwendetes Filter	X	+	X	+	X	+	X	+
Von Bob gemessene Polarisation	/			\	–	/	–	\		
Filter richtig?	ja	nein	ja	nein	nein	ja	nein	ja
Verwendeter Schlüssel	1	.	0	.	.	1	.	0

Übers Telefon berichtet dann Bob Alice, welches Filter er jeweils hingehalten hat, um die Polarisation der Photonen zu messen. Alice sagt ihm dann, welche Messungen falsch sind, da Bob das falsche Filter zum Messen der Polarisation hochgehalten hat (entspricht der 4. Zeile in der Tabelle). Genau diese erhaltenen Messungen werden dann verworfen, sie werden also nicht als 1 oder 0 für den Schlüssel interpretiert, der dann zur weiteren Verschlüsselung zwischen Alice und Bob genutzt werden soll. Der gemeinsame Schlüssel beginnt dann wie folgt: 1010 (letzte Zeile der Tabelle). Zur Sicherheit ist es noch üblich, die ersten 10–20 Zahlen vorzulesen und danach zu verwerfen.

Nur Alice und Bob kennen diesen Schlüssel. Jeder andere, der auch Filter hochgehalten hat, hätte die Polarisation der Photonen verfälscht, was Alice und Bob beim Zahlenvergleich der ersten 10–20 Zahlen des Schlüssels aufgefallen wäre.

Dieses Verfahren wurde schon in der Praxis genutzt, z. B. in 2007 zur Übertragung der Wahlergebnisse in der Schweiz.

Man kann Quantenkryptografiesysteme käuflich erwerben, sie sind allerdings teuer und nur für geringe Reichweiten geeignet. Es gibt viele Projekte bzgl. Quantenkryptografie, wie z. B. das Quantum Science Satellite Project zwischen China und Österreich für den Schlüsselaustausch über Satelliten und Quantenverschränkung. Dabei werden folgende Eigenschaften genutzt:

- Photonenpaare haben einen gemeinsamen Quantenzustand egal, wie weit sie voneinander entfernt sind.
- Ändert man den Spin (Polarisation) eines Photons, verändert sich der Spin des verschränkten Photons entsprechend.

15.5 Protokolle

Protokolle in der Informatik sind Regeln, wie eine Kommunikation zwischen zwei Geräten ablaufen soll. Über Kommunikationsprotokolle im World Wide Web werden all die aufwendigen Verschlüsselungsabläufe im Browser für uns geregelt. **https** (in Deutsch: sicheres Hypertext-Übertragungsprotokoll) ist der Name des Protokolls, das die Übertragung von abhörsicheren Daten im Internet regelt.

15.6 Zusammenfassung

Kryptografie ist die Kunst der Verschlüsselung. Für den Ablauf braucht man einen geheim zu haltenden Schlüssel, einen allen bekannten Algorithmus und natürlich den Klartext, aus dem man den Geheimtext mithilfe des Algorithmus und des Schlüssels erzeugt.

RSA ist ein asymmetrisches Public-Key-Verfahren, das die Vorhängeschlossidee umsetzt, was heißt, dass jeder ein Schloss zuschnappen lassen kann, aber nur der mit dem Schlüssel kann es öffnen. Es wird das bis heute nur ineffizient lösbare Faktorisierungsproblem ausgenutzt.

15.6 Zusammenfassung

Die Quantenkryptografie ist sicher, aber technisch teuer. Sie nutzt die 50%ige Durchdringung von Quanten durch nicht passende Filter aus.

Das folgende Video zeigt 3 Verschlüsselungsvarianten für die Schlüsselübergabe für eine AirBnB-Wohnung: https://www.youtube.com/watch?v=k_bZsEGIZSc

Kryptografie Part 1/2

Das folgende Video zeigt die Schlüsselübergabe für eine AirBnB-Wohnung mithilfe des RSA-Algorithmus: https://www.youtube.com/watch?v=6VFtIdI_6Nk

Kryptografie Part 2/2

Fragen
1. Woher kommt der öffentliche Schlüssel bei RSA?
   A) Er wird vom Empfänger zufällig aus zwei auf seinem Rechner erzeugten Zufallszahlen p,q erzeugt, die zu N multipliziert werden. p ist öffentlich, z. B. auf einer Webseite.
   B) Er wird vom Empfänger zufällig aus zwei auf seinem Rechner erzeugten Zufallszahlen p,q erzeugt, die zu N multipliziert werden. N ist öffentlich, z. B. auf einer Webseite.
   C) Er wird vom Empfänger zufällig aus zwei auf seinem Rechner erzeugten Zufallszahlen p,q erzeugt, die zu N multipliziert werden. q ist öffentlich, z. B. auf einer Webseite.
2. Wie funktioniert der RSA-Algorithmus?
   A) Eine Nachricht wird mit dem öffentlichen Schlüssel des Empfängers vom Sender verschlüsselt und verschickt. Der Empfänger entschlüsselt die Nachricht mithilfe seines privaten Schlüssels.
   B) Eine Nachricht wird mit dem privaten Schlüssel des Senders verschlüsselt und verschickt. Der Empfänger entschlüsselt die Nachricht mithilfe des öffentlichen Schlüssels des Senders.
   C) Eine Nachricht wird mit dem privaten Schlüssel des Empfängers vom Sender verschlüsselt und verschickt. Der Empfänger entschlüsselt die Nachricht mithilfe seines öffentlichen Schlüssels.
3. Was sind Einwegfunktionen?
   A) Funktionen, die zur Verschlüsselung benutzt werden können
   B) Funktionen, die nur ineffizient umgekehrt werden können
   C) Funktionen, die nicht umgekehrt werden können

Richtige Antworten: 1: B, 2: A, 3: A,B

Literatur

Douglas, R.: Hofstadter: Gödel, Escher, Bach. dtv Verlagsgesellschaft mbH & Co. KG, München (1992)
Singh, S.: Geheime Botschaften. Deutscher Taschenbuch Verlag, München (2001)

Softwareengineering

Verfasst von Cajus Marian Netzer (HS Bund)

Bisher haben wir uns mit Fragen der Programmierung „im Kleinen" befasst. Wenn aber ein großes Programm erstellt werden soll, sind unter Umständen Dutzende Personen mehrere Jahre an der Programmierung beteiligt. In diesen Fällen gibt es große Herausforderungen, sowohl unter dem Blickwinkel der Programmierung als auch bei der Auswahl der Tools und insbesondere auf der Ebene des Projektmanagements. Mit solchen Fragen befasst sich das Softwareengineering.

16.1 Woher kommt und was ist Softwareengineering?

Ende der 1960er-Jahre stellte man fest, dass die Softwaresysteme größer wurden und man nicht mehr in der Lage war, Softwareprojekte mit den damals üblichen Programmiertechniken erfolgreich zu beenden. Dies wurde mit dem Begriff „Softwarekrise" beschrieben. Als Idee zur Lösung dieses Problems wurde vorgeschlagen, dass man Ansätze aus den Ingenieurwissenschaften auf die Softwareentwicklung überträgt. Ein entscheidendes Ereignis dabei ist eine NATO-Konferenz in Garmisch-Partenkirchen im Jahr 1968, auf der der Begriff „Softwareengineering" geprägt wurde.

Es zeigte sich aber, dass ingenieurmäßiges Vorgehen bei Software nicht direkt funktioniert. Zwar kann man im Maschinenbau ein Teil konstruieren, es dann nach dem Plan (der technischen Zeichnung) fertigen lassen und schließlich prüfen, ob es wirklich die geforderten Eigenschaften hat. Software ist aber immateriell und sehr komplex und unterscheidet sich von klassischen Produkten aus dem Maschinenbau. Daher haben sich im Bereich des Softwareengineerings eigene Vorgehensmodelle herausgebildet. Sie sind für die Besonderheiten beim Erstellen von Software meist besser geeignet als das klassische Vorgehen, bei dem ein großer Plan für das Gesamtprodukt am Anfang steht. Softwareengineering umfasst neben der Perspektive des Projektmanagements auch Gesichtspunkte des menschlichen Zusammenarbeitens aus der Psychologie und der Soziologie sowie diverse Besonderheiten, die ganz spezifisch für die Arbeit mit Software sind. Dies alles wird in den kommenden Abschnitten genauer betrachtet.

16.2 Kernprozesse

Das Erstellen eines Softwareproduktes kann man in verschiedene Prozesse einteilen. Manche davon dienen unmittelbar dem Erstellen der Software und werden als Kernprozesse bezeichnet. Andere Prozesse dienen zum Organisieren, zur Qualitätssicherung und Ähnlichem. Sie dienen nur indirekt dem Erstellen der Software und werden als Unterstützungsprozesse bezeichnet. Bezüglich der direkten Arbeit am Produkt findet man in der Literatur häufig die folgenden Kernprozesse:

1. Anforderungsermittlung,
2. Entwurf (Algorithmus),
3. Implementierung (Programm),
4. Testen,
5. Betrieb.

Je nach Größe und Art des Projektes kann es weitere Kernprozesse geben (z. B. Analyse, Inbetriebnahme), auch können die hier genannten Prozesse weiter unterteilt werden. Nachfolgend werden Anforderungsermittlung, Entwurf und Implementierung kurz beschrieben. Dem wichtigen Thema Testen ist ein eigener Abschnitt gewidmet. Das Thema Betrieb wird im Abschnitt DevOps behandelt.

Anforderungsermittlung
Die Anforderungsermittlung ist ein sehr wichtiger Kernprozess im Softwareengineering. Sie umfasst das Sammeln, Verstehen und Dokumentieren der Anforderungen für ein Softwaresystem. Das Hauptziel besteht dabei darin, sicherzustellen, dass die entwickelte Software die Bedürfnisse und Erwartungen aller Beteiligten erfüllt, nicht nur die Bedürfnisse und Erwartungen der Auftraggeber, sondern auch diejenigen anderer Beteiligter wie z. B. die der Endbenutzer und der Entwickler. Diese Gruppen, beispielsweise Endbenutzer, Auftraggeber, Betroffene und Entwicklungsteam, werden zusammenfassend als Stakeholder bezeichnet.

Bei der Anforderungsermittlung werden zunächst Informationen über die Bedürfnisse und Erwartungen der Stakeholder gesammelt. Dies kann durch unterschiedliche Techniken erfolgen, beispielsweise durch Interviews, Umfragen, Workshops oder auch durch systematische Beobachtung der bisherigen Arbeitsprozesse derjenigen Anwender, die später durch die neue Software unterstützt werden sollen.

Die gesammelten Anforderungen werden anschließend mit den Beteiligten diskutiert. So sollen Missverständnisse ausgeräumt und Unklarheiten vermindert werden. Die überarbeiteten Anforderungen werden dann in einer strukturierten Form aufgeschrieben. Dies kann auf unterschiedliche Weise geschehen, beispielsweise durch formale Spezifikationssprachen, in Form eines Anwendungsfallmodells oder in Form von User Storys. User Storys werden häufig im Zusammenhang mit einem agilen Vorgehen genutzt. Die Sammlung von Anforderungen, die Anforderungsspezifikation, dient später als Referenz für alle Beteiligten.

Schließlich erfolgen Validierung und Verifikation der Anforderungen. Dabei dient die Verifikation dazu, festzustellen, dass die Anforderungen korrekt und widerspruchsfrei sind. Die Validierung hingegen soll sicherstellen, dass die erfassten Anforderungen auch wirklich die benötigten Anforderungen wiedergeben.

Zum Validieren von Anforderungen können unterschiedliche Techniken eingesetzt werden, beispielsweise Reviews oder das Erstellen und Diskutieren von Prototypen. Dabei ist ein Prototyp eine ausführbare Software, die Teilaspekte der zu erstellenden Software umfasst. **Prototypen** dienen dazu, dass man bestimmte Aspekte des Endprodukts schon im Voraus demonstrieren und diskutieren kann.

Damit ist das Thema „Anforderungen" aber noch nicht abgeschlossen. Vielmehr beginnt nach der Anforderungsermittlung das Anforderungsmanagement. Denn im weiteren Projektverlauf können (und werden) sich die Anforderungen immer wieder verändern. Gründe hierfür können unter anderem veränderte Geschäftsanforderungen, technischer Fortschritt oder zwischenzeitliches Feedback von Stakeholdern sein.

Im traditionellen Vorgehen spielen bei der Anforderungsermittlung zwei Dokumente eine zentrale Rolle: das Lastenheft und das Pflichtenheft. Dabei wird das **Lastenheft** von der Auftraggeberseite erstellt und beschreibt die Anforderungen aus dieser Perspektive. Das **Pflichtenheft** wird von Entwickler- bzw. Auftragnehmerseite erstellt. Im Gegensatz zum Lastenheft beschreibt es nicht nur, was umgesetzt werden soll, sondern auch schon Ansätze dazu, wie die jeweiligen Anforderungen umgesetzt werden sollen. Es ist also detaillierter und stärker technisch ausgerichtet als das Lastenheft. Das Pflichtenheft bildet häufig die Grundlage für die Leistungsbeschreibung in Verträgen.

Entwurf

Grundsätzlich lässt sich der Kernprozess „Entwurf" noch weiter unterteilen, beispielsweise in den fachlichen und den technischen Entwurf. Teilweise wird auch eine Unterteilung in Grobentwurf und Feinentwurf vorgenommen.

Bereits früh im Entwurf wird die Gesamtstruktur der späteren Software definiert. Dies umfasst die Aufteilung in Module oder Komponenten sowie die Festlegung ihrer Beziehungen zueinander.

Ein weiterer wichtiger Aspekt im Entwurf ist die Gestaltung der Benutzungsoberfläche. Hier können schon früh Prototypen ohne Funktionalität erstellt werden, um die geplante visuelle Darstellung und die Interaktionsmöglichkeiten der Anwender zu veranschaulichen.

Parallel dazu erfolgt der Datenbankentwurf. Es wird festgelegt, welche Daten gespeichert werden müssen und wie diese strukturiert werden. Auch die Entscheidung, welche Art von Datenbank zum Einsatz kommen soll, muss im Entwurf getroffen werden.

Die Schnittstellen der Software werden ebenfalls in der Entwurfsphase definiert. Dies umfasst sowohl interne Schnittstellen zwischen den einzelnen Komponenten als auch externe Schnittstellen für den Datenaustausch mit anderen Systemen.

Ein weiterer wichtiger Teil der Entwurfsaktivitäten betrifft die Umsetzung von nichtfunktionalen Anforderungen. Dabei handelt es sich um diejenigen Anforderungen, die nicht direkt die eigentliche Funktionalität der Software betreffen. Typische nichtfunktionale Anforderungen sind beispielsweise die Geschwindigkeit der Software oder bei Webanwendungen die Frage, wie viele Nutzer gleichzeitig mit dem System arbeiten können, ohne dass es zusammenbricht. Die nichtfunktionalen Anforderungen müssen schon früh berücksichtigt werden, dann können im Entwurf passende Konzepte und Techniken ausgewählt werden, um diese Anforderungen später umsetzen zu können.

Am Ende der Entwurfsphase steht ein umfassendes Entwurfsmodell. Dieses dient dann als Leitfaden für die nachfolgende Implementierung. Es enthält detaillierte Beschreibungen der Softwarearchitektur, der Komponenten, Schnittstellen und Datenstrukturen sowie Richtlinien für die Programmierung. Typischerweise enthält es auch diverse UML-Diagramme unterschiedlicher Arten, damit klar wird, was genau während der Implementierung der Software zu tun ist. Dabei sind **UML-Diagramme** standardisierte grafische Darstellungen, die verwendet werden können, um die Struktur und die inneren Abläufe sowie das äußere Verhalten von Softwaresystemen darzustellen.

Die Entwurfsphase ist von zentraler Bedeutung für den Erfolg eines Softwareprojekts. In ihr wird nicht nur die Basis für die spätere Implementierung gelegt, sondern die Entscheidungen aus dem Entwurf beeinflussen auch ganz erheblich die spätere Benutzerzufriedenheit sowie die langfristige Wartbarkeit der Software.

Implementierung und Dokumentation

Bei der Implementierung wird der Quellcode geschrieben. Bei einem klassischen, planungsgetriebenen Vorgehen wurde bereits im Vorfeld festgelegt, welche Architektur die Software haben soll und welche konkreten Module es gibt. In diesem Fall geht es im Kernprozess Implementierung vor allem darum, den Quellcode für die einzelnen Funktionen zu schreiben, Variablen und Datentypen zu deklarieren, und Ähnliches – also um all das, was man umgangssprachlich unter „Programmieren" versteht.

Bei einem inkrementell-iterativen Vorgehen wie auch bei seiner Weiterentwicklung, dem agilen Vorgehen, nimmt die Vorausplanung weniger Raum ein und erfolgt nicht umfassend. Bei einem solchen Vorgehen fallen im Rahmen der Implementierung noch weitere Aufgaben an. Beispielsweise können Module neu aufgeteilt oder neue Module geschaffen werden, inklusive möglicher Veränderungen an Schnittstellen.

Heutzutage wird ein großer Teil des Testens auch parallel zur Implementierung durchgeführt, das genauere Vorgehen hierzu wird im Abschnitt „Softwarequalität und Testen" später in diesem Kapitel beschrieben. Dabei durchläuft man in der Entwicklungstätigkeit immer wieder die Aktivitäten

16.2 Kernprozesse

1. Quellcode schreiben/verändern,
2. Speichern,
3. Kompilieren,
4. Testen,
5. Weitermachen mit Schritt 1.

Ein Durchlauf dieses Zyklus nimmt dabei unter Umständen nur wenige Minuten in Anspruch.

In der Phase der Implementierung arbeitet man häufig mit fremdem Quellcode; dieser kann von anderen Entwicklern, von Webseiten oder von Sprachmodellen wie ChatGPT stammen. Wichtig ist bei der Verwendung von fremdem Code, dass man ihn versteht und ihn niemals ohne eigenes Denken verwendet.

Die Implementierung von Softwareprojekten erfolgt nicht durch Einzelpersonen, sondern in einem Team. Um die Zusammenarbeit zu erleichtern und die Qualität des Quellcodes zu verbessern, werden Quellcoderegeln festgelegt. Diese können Vorgaben zur Wahl der Namen von Variablen und Funktionen umfassen. Häufig wird auch ein einheitlicher Stil bzgl. der Einrückungen und Klammerungen festgelegt. Bei einer if-else-Verzweigung ohne „else"-Zweig kann der „else"-Zweig entweder weggelassen oder leer gelassen werden. Diese Entscheidung sollte im Projekt einheitlich sein und ist auch oft Teil von Quellcoderegeln. Auch eine maximale Schachtelungstiefe bei der Verschachtelung von Schleifen und Verzweigungen kann festgelegt werden.

Ein weiteres wichtiges Element guter Softwareentwicklung ist die Dokumentation der Software. Diese dient dazu, Quellcode und Verhalten der Software zu beschreiben. Eine gute Dokumentation kann dazu beitragen, die Qualität der Software zu verbessern und die Wartbarkeit zu erhöhen.

Grundsätzlich tritt die Dokumentation in zwei Hauptformen auf: einerseits direkt im Quellcode und andererseits in externen Dokumenten wie in Handbüchern und auf Hilfeseiten.

Bei der Dokumentation im Quellcode sollte durch die Kommentare das „Wieso" hinter dem Code erklärt werden. Das „Wie" soll aus dem Code selbst erkennbar sein. Kommentare helfen beispielsweise anderen Entwicklern, wenn sie die Gründe bestimmter Entscheidungen verstehen wollen.

Die Wahl guter Namen für Variablen und Funktionen spielt eine nicht zu unterschätzende Rolle beim Schreiben verständlichen Quellcodes. Die Namen sollten klar beschreiben, welchem Zweck die Variable oder die Funktion dient. Aussagekräftige Namen sind trotz ihrer Länge oft hilfreicher als kurze, kryptische Bezeichnungen. Die Wahl guter Namen erleichtert das Lesen und Verstehen des Codes ungemein.

Sofern nicht, wie im agilen Umfeld, das Prinzip des gemeinsamen Codeeigentums angewandt wird, kann es hilfreich sein, den Autor im Code mitanzugeben. Dies dient dazu, den Stolz auf die eigene Arbeit zu zeigen; es kann auch dazu beitragen, Verantwortlichkeiten zu dokumentieren und die Zusammenarbeit zu erleichtern.

Es gibt verschiedene Hilfsmittel zur Dokumentation des Quellcodes. Eine Möglichkeit ist die Verwendung von Tools wie Javadoc oder Doxygen, die automatisch eine Dokumentation aus dem Code generieren. Auch die Verwendung von UML-Diagrammen oder anderen Modellen kann die Dokumentation unterstützen.

Zusätzlich zur internen gibt es oft auch eine externe Dokumentation. Diese umfasst beispielsweise Handbücher und Hilfeseiten und richtet sich an die Endnutzer. Die externe Dokumentation sollte eine klare, verständliche Beschreibung der Funktionen der Software bieten und so dazu beitragen, dass die Software effektiv genutzt werden kann. Sie kann auch Beispiele, FAQ und Hilfen für typische Probleme umfassen.

Die Dokumentation kann einen starken Beitrag dazu leisten, die Qualität und die Wartbarkeit der Software zu erhöhen. Sie kann ferner dazu beitragen, die Zusammenarbeit im Team und die Benutzungsfreundlichkeit der Software zu verbessern. Zugespitzt: Ist die Dokumentation gut, dann ist die Software erst recht gut.

16.3 Softwarequalität und Testen

Qualitätskriterien für Software

Ein wichtiger Punkt beim Erstellen jeder Software, vom Handyspiel bis zur Steuerung von Kernkraftwerken, ist die Qualität der Software. Dabei sind die Ansprüche an diese Qualität sehr unterschiedlich. Bei dem Handyspiel hat ein gravierender Fehler in der Software vermutlich keine schlimmen Auswirkungen, nur verärgerte Spieler. Aber bei Softwaresystemen zur Steuerung von Flugzeugen, von Kernkraftwerken oder auch in der Medizin können selbst kleinste Fehler das Leben von Menschen gefährden.

Aber was ist überhaupt Softwarequalität? Für den Begriff der Qualität gibt es verschiedene Definitionen. Aber meist geht es im Kern um den folgenden Punkt: Qualität ist ein Maß dafür, wie gut oder wie schlecht ein Produkt die Anforderungen oder Erwartungen erfüllt. Bezogen auf Software haben sich bestimmte Gruppen von Qualitätskriterien etabliert, die man gewissermaßen als Überschriften für einzelne Gesichtspunkte der Softwarequalität betrachten kann. Nach der Norm ISO 9126 sind dies:

- Funktionalität,
- Zuverlässigkeit,
- Benutzbarkeit,
- Effizienz,
- Änderbarkeit und
- Übertragbarkeit.

Für die Qualität von Quellcode wird oft auch noch die Testbarkeit als Qualitätskriterium genannt. Denn auch Quellcode, der zuverlässig und effizient das Richtige tut, kann so geschrieben sein, dass er sich nicht gut automatisiert testen lässt. Und dann lässt sich nach Änderungen nicht leicht feststellen, ob durch die Änderungen möglicherweise auch neue Fehler in den Code gekommen sind.

16.3 Softwarequalität und Testen

Testen ist eines der wichtigsten Verfahren, um zu untersuchen, ob ein Programm Fehler enthält. Dabei ist es wichtig zu verstehen, dass ein Test immer nur anzeigen kann, dass bestimmte Fehler vorhanden sind. Andere Fehler, für die kein Test entworfen wurde, können durchaus noch im Programm sein. Um dies an einem Beispiel zu verdeutlichen: Wenn eine Funktion bei der Übergabe einer positiven Zahl den Buchstaben „p" als Rückgabewert liefern soll und sonst den Buchstaben „n", könnte man dies testen, indem man der Funktion einmal die Zahl 23 übergibt und prüft, ob der Rückgabewert „p" ist. Als Nächstes könnte man die Zahl −42 übergeben und prüfen, ob der Rückgabewert „n" ist. Aber auch wenn das Programm beide Tests besteht, könnte es bei −7 oder bei 13 völlig falsche Rückgabewerte liefern. Und auch den interessanten Fall des Übergabewertes 0 hat man mit den beiden genannten Testfällen allein noch nicht abgedeckt.

Wenn ein Programm also viele Hundert Testfälle ohne Probleme und Fehler bestanden hat, heißt das noch lange nicht, dass es fehlerfrei ist. Es heißt nur, dass mit diesen Testfällen keine Fehler entdeckt wurden. Ein fehlerfreies Programm gibt es ohnehin nicht. Das heißt aber nicht, dass Testen sinnlos wäre – denn wenn ein Programm viele (sinnvoll gewählte) Testfälle erfolgreich absolviert hat, ist die Wahrscheinlichkeit, dass es nicht allzu viele und nicht allzu schwerwiegende Fehler enthält, viel größer als bei einem Programm, das nicht ausführlich getestet wurde.

Beim Testen von Software lassen sich unterschiedliche Testarten unterscheiden. Diese Testarten finden auf unterschiedlichen Teststufen statt.

Teststufen
Bei den Teststufen unterscheidet man meist Komponententests, Integrationstests und Systemtests.

Auf der untersten Stufe, bei den **Komponententests** (oft auch Unittests genannt), geht es darum, dass eine einzelne Komponente der Software, beispielsweise eine einzelne Funktion in einem C-Programm, ihre Aufgabe korrekt erfüllt. Wenn man eine Funktion geschrieben hat, die zu einer eingegebenen Zahl einen Primfaktor findet, dann möchte man einen Rückgabewert bekommen, der erstens eine ganze Zahl ist und zweitens auch wirklich ein Primfaktor der eingegebenen Zahl ist. Und drittens soll die Antwort auch wirklich erfolgen, die Funktion soll also weder einen Programmabsturz bewirken noch unendlich lange laufen. Um solch eine Funktion zu testen, kann man als Testfall eine Zahl eingeben, von der man die Primfaktoren kennt, und überprüfen, ob die Funktion einen dieser Primfaktoren zurückgibt. Man kann auch versuchen, ungültige Werte an die Funktion geben, beispielsweise eine Kommazahl oder eine Zeichenkette, und dann sehen, ob die Funktion in diesem Fall eine sinnvolle Fehlerbehandlung vornimmt, abstürzt oder unsinnige Werte zurückgibt. Generell geht es bei dieser Art von Test also immer darum, einer Funktion Eingabewerte zu geben und zu prüfen, ob das Ergebnis den Erwartungen entspricht.

Komponententests werden heutzutage meist von den Softwareentwicklern selbst erstellt und bei jeder Änderung der Software automatisiert durchlaufen, sodass Fehler, die bei einer Änderung der Software neu hinzugekommen sind, auch entdeckt werden können.

Die nächste Teststufe über den Komponententests sind die **Integrationstests**. Hier wird getestet, ob die Zusammenarbeit zwischen den Komponenten, die bereits einzeln getestet wurden, auch korrekt funktioniert. Denn auch wenn jede einzelne Komponente korrekt arbeitet, kann es leicht passieren, dass durch Fehler in der Überlegung, wie die Komponenten zusammenarbeiten sollen, Fehler auftreten.

Die oberste Teststufe sind schließlich die **Systemtests**. Bei ihnen wird die fertige Software als Ganzes getestet: Man gibt über die Benutzungsschnittstelle Daten ein, drückt Buttons und überprüft, ob die Software so reagiert, wie erwartet. Diese Art von Tests lässt sich zum Teil automatisieren. Dennoch kommt man bei Systemtests nicht darum herum, dass auch Menschen die Software von Hand testen. Ein spezieller Systemtest ist der Abnahmetest. Das ist ein Systemtest, der vom Auftraggeber durchgeführt wird und bei dessen Bestehen die Software als korrekt ausgeliefert gilt.

Statisches und dynamisches Testen; Blackbox-/Whiteboxtests
Nach den einzelnen Teststufen sollen im Folgenden auch kurz die unterschiedlichen Testarten erklärt werden. Bei der Darstellung der Teststufen wurde immer angenommen, dass das Programm oder ein Teil des Programms als Testfall gewisse Eingabewerte erhält und daraufhin Ausgabewerte liefert. Tests, bei denen das Programm ausgeführt wird, bezeichnet man auch als dynamische Testverfahren. Bei den dynamischen Testverfahren gibt es die Möglichkeit, dass man als Testfälle nur die Eingabewerte und das erwartete Verhalten der Komponente festlegt. In diesem Fall spricht man von Blackboxtests, weil man die innere Struktur des Programms oder der Komponente nicht berücksichtigt – eben als wäre dieses Innenleben in einer schwarzen, undurchsichtigen Kiste verborgen. Berücksichtigt man beim Festlegen der Testfälle auch die innere Struktur, so spricht man von einem Whiteboxtest (obwohl eine weiße Kiste auch undurchsichtig ist). Beim Festlegen von Testfällen für Whiteboxtests versucht man beispielsweise, die Testfälle so zu gestalten, dass jede Anweisung mindestens einmal ausgeführt wird oder dass bei Verzweigungen jeder mögliche Ast mindestens einmal durchlaufen wird.

Neben den dynamischen Testverfahren gibt es auch statische Testverfahren. Bei den statischen Testverfahren wird der Quellcode untersucht, ohne dass man ihn dabei ausführt. Dafür gibt es zwei grundsätzliche Möglichkeiten. Die eine besteht darin, dass eine Gruppe von Menschen den fertigen Quellcode systematisch durchliest und bespricht. Je nachdem, wie genau das Ganze abläuft und wie streng und formalisiert das Vorgehen ist, spricht man von Walkthrough, Review, Inspektion oder Audit. Auch die Paarprogrammierung kann als eine spezielle Form des Reviews angesehen werden.

Die zweite grundsätzliche Möglichkeit des statischen Testens ist die statische Codeanalyse. Bei der statischen Codeanalyse stellen spezielle Werkzeuge fest, ob der Quellcode Auffälligkeiten enthält, die auf Fehler hinweisen. Solche Werkzeuge können beispielsweise erkennen, wenn der Code Sicherheitslücken enthält, beispielsweise durch die Benutzung von Bibliotheken, die bekannte Fehler enthalten. Die Werkzeuge erkennen auch Auffälligkeiten, die erst auf lange Sicht zu Problemen führen können. So ist es üblich, dass Softwareentwickler Teile des Codes auskommentieren, die sie nicht mehr benötigen. So können sie ausprobieren, ob neuer

Code tatsächlich funktioniert, und andernfalls schnell auf den alten Stand zurückwechseln. Problematisch ist es, wenn diese auskommentierten Teile nicht bald entfernt werden. Denn dann bleiben sie im Quellcode stehen und machen ihn länger und unübersichtlicher. Das kann dann bei späteren Arbeiten im Quellcode zu Verzögerungen oder Fehlern führen. Ein anderes Beispiel sind Codeduplizierungen. Wenn man an zwei Stellen im Code (fast) dasselbe tun möchte, liegt es nahe, den funktionierenden Code von der alten an die neue Stelle zu kopieren. Wenn man aber später etwas ändern möchte, kann man leicht vergessen, dass man dies nicht nur an einer Stelle tun muss. Daher warnen die Werkzeuge zur statischen Codeanalyse vor solchen Stellen, sodass man den Code an diesen Stellen „aufräumen" und damit für die Zukunft weniger fehleranfällig machen kann.

Das Testen erfordert auch einen erheblichen organisatorischen Aufwand. Schließlich muss man am Ende eine Vorstellung davon haben, was mit welchem Erfolg getestet wurde und was nicht. Daher werden **Testpläne** erstellt, Kennzahlen wie die Testüberdeckung erfasst und natürlich muss auch dokumentiert werden, dass und mit welchem Ergebnis die Tests durchgeführt wurden.

Früher hat man auch großen Wert darauf gelegt, dass die Testteams nicht identisch mit den Programmierteams sind. Das ist auch sinnvoll, weil Menschen dazu neigen, für eigene Fehler und Fehlvorstellungen blind zu sein. Dennoch ist es heute häufig üblich, dass Komponententests vom Entwicklungsteam selber geschrieben werden. Dabei werden heute oft die Tests anhand der Anforderungen an eine Funktion geschrieben, bevor diese Funktion programmiert wird. Dadurch kann das Wissen darüber, wie die Funktion intern arbeitet, nicht die Entwicklung der Testfälle beeinflussen. Die so geschriebenen Komponententests werden dann automatisiert bei jeder Änderung im Quellcode durchgeführt. So wird sichergestellt, dass bei Änderungen im Code Fehler, die erst nachträglich hinzukommen, durch die Tests gefunden werden können.

16.4 Projektmanagement/Projektleitung

Das Projektmanagement von Software-Entwicklungsprojekten umfasst viele unterschiedliche Aufgaben. Dabei weist es einige Besonderheiten gegenüber dem Projektmanagement in anderen Projekten auf.

Zu den Kernaufgaben des Projektmanagements in der Softwareentwicklung gehören, wie bereits dargestellt, die gründliche Anforderungsanalyse und das kontinuierliche Anforderungsmanagement. Wichtig ist, dass die erfassten und verwalteten Anforderungen im weiteren Projektverlauf immer wieder überprüft und angepasst werden.

Eine ganz zentrale Rolle spielen daneben die **Ressourcenplanung** und **Aufwandsschätzungen**. Wenn Ressourcen wie z. B. Entwickler mit unterschiedlichen Fähigkeiten und unterschiedlichen Tätigkeitsschwerpunkten eingeplant werden sollen, ist es wichtig, dass der zeitliche Verlauf des Projekts bereits im Voraus möglichst realistisch eingeschätzt wird. Schätzungen des insbesondere zeitlichen Aufwands sind bei Softwareprojekten erheblich schwieriger als bei anderen Projekten. Dies hängt unter anderem damit zusammen, dass Software extrem komplex ist. Auch ist der Zusammenhang zwischen dem Programmieraufwand und einer formulierten Anforderung nicht immer offensichtlich. So lassen sich manche Anforderungen sehr leicht formulieren und sind für Menschen einfach, beispielsweise: „Die Software soll erkennen, ob auf einem Foto ein Kätzchen zu sehen ist." Diese Aufgabe lässt sich aber ohne Zuhilfenahme von Methoden des maschinellen Lernens praktisch nicht lösen. Dagegen gibt es Aufgaben, die Menschen sehr schwer erscheinen, die sich aber extrem leicht programmieren lassen, beispielsweise: „Finde das Minimum in einer Liste von 300.000 Zahlen." Gerade dieser Punkt, dass von der Schwierigkeit der Aufgabe nicht oder allenfalls mit äußerst viel Erfahrung darauf geschlossen werden kann, wie aufwendig es ist, eine Lösung zu programmieren, macht die Schätzungen bei Softwareprojekten extrem schwierig.

Weiterhin ist bei Softwareprojekten, wie bei anderen Projekten auch, ein gutes **Risikomanagement** unerlässlich. Potenzielle Risiken müssen frühzeitig identifiziert werden, damit sich dann Strategien zur Minimierung dieser Risiken entwickeln lassen. Auch das Risikomanagement ist ein kontinuierlicher Prozess, da die Liste der möglichen Risiken sich im Projektverlauf ständig verändert.

Auch die Qualitätssicherung spielt in Softwareprojekten eine große Rolle, wie bereits oben im Abschnitt über Softwarequalität und Testen dargestellt wurde.

Weitere Aspekte beim Management von Softwareprojekten sind das **Stakeholdermanagement** und damit eng verbunden das Changemanagement. Das Stakeholdermanagement beinhaltet die regelmäßige Kommunikation mit Kunden und anderen Stakeholdern, das Erkennen von Widerständen, das Management von Erwartungen und das stetige Einholen von Feedback aus den einzelnen Interessengruppen.

Der Begriff des **Changemanagements** wird in zwei unterschiedlichen Bedeutungen verwendet. Einerseits ist damit gemeint, dass Änderungswünsche bzgl. der Anforderungen an die Software erfasst und verwaltet sowie bzgl. Auswirkungen bewertet werden müssen. Wird der Entschluss gefasst, eine Änderungsanfrage umzusetzen, so führt dies zu Änderungen in der Projektplanung. Die andere Bedeutung des Begriffs Changemanagement meint den Umgang mit organisationalen Veränderungen, die durch das Softwareprojekt ausgelöst werden. Wenn beispielsweise die Arbeit in einer Abteilung durch eine neue Software unterstützt werden soll, werden sich dadurch die Arbeitsabläufe und eventuell auch die Organisationsstrukturen verändern. Gegen derartige Veränderungen gibt es häufig Widerstände. Das Changemanagement in diesem zweiten Sinne befasst sich damit, wie mit organisationalen Veränderungen und möglichen Widerständen dagegen umgegangen werden kann.

Schließlich gehören auch noch die **Fortschrittskontrolle** und die **Berichterstattung** zu den Aufgaben im Software-Projektmanagement: Die Projektmanager müssen den Projektfortschritt genau überwachen, regelmäßige Statusberichte erstellen und über Projektfortschritte und Probleme berichten.

Die Rolle der Projektleitung in Softwareprojekten ist aus den genannten Gründen besonders anspruchsvoll. Personen, die diese Rolle ausüben, sollten nicht nur technisches Verständnis und einige Erfahrung in Softwareentwicklung mitbringen, sondern auch über sehr gute kommunikative Fähigkeiten verfügen. Die Kommunikationsfähigkeit ist einerseits wichtig, um sich mit den verschiedenen Stakeholdern effektiv austauschen und eventuelle Konflikte lösen zu können. Andererseits ist es auch wichtig, durch Kommunikationsfähigkeit und technische Kompetenz mit dem Entwicklungsteam auch über technische Fragen sprechen zu können und dabei ernst genommen zu werden. Ferner sollte die Projektleitung über ausgezeichnete organisatorische Fähigkeiten verfügen, um das Projekt im Zeit- und Budgetrahmen zu halten und die erforderliche Qualität der Software sicherzustellen.

16.5 Vorgehensmodelle von klassisch bis agil

Von Prozessen zu Vorgehensmodellen
Bisher haben wir verschiedene Prozesse betrachtet, die im Rahmen des Softwareengineerings eine Rolle spielen. Dabei hat die Einteilung der Arbeit in Kernprozesse wie Anforderungsermittlung, Entwurf, Implementierung und Testen aber noch keine Aussage dazu enthalten, wie die zeitlichen Abläufe in diesem Zusammenhang sind. Einerseits gibt es Abhängigkeiten zwischen den Ergebnissen der Kernprozesse. So kann man beispielsweise erst etwas testen, wenn es zuvor implementiert wurde. Und es ist zu hoffen, dass Anforderungen ermittelt wurden, bevor mit der Implementierung begonnen wird. Andererseits basiert aber beispielsweise der Ansatz des **Test-First-Development** gerade darauf, dass das Erstellen der Testfälle zeitlich vor der Implementierung erfolgt. Im Laufe der Jahrzehnte wurden sehr unterschiedliche Lösungen für die Frage entwickelt, wie man die zeitlichen Abläufe bei Software-Entwicklungsprojekten gestalten sollte, sogenannte Vorgehensmodelle. Die frühesten Vorgehensmodelle waren die Wasserfallmodelle. Hier war der Ansatz, dass es klar abgegrenzte Phasen geben sollte, die den Kernprozessen entsprechen. Wie bei einem ingenieurmäßigen Vorgehen wollte man zunächst das Problem genau analysieren, dann ein Entwurfsmodell erstellen, auf Basis des Modells die Software implementieren und sie am Schluss testen, um Fehler zu beseitigen. Verschiedene Varianten von Wasserfallmodellen haben dabei prinzipiell auch vorgesehen, dass man in frühere Phasen zurückkehren kann, wenn es eine Notwendigkeit dafür gibt.

Demgegenüber haben sich seit dem Jahr 2000 Vorgehensmodelle durchgesetzt, die als „agil" bezeichnet werden. Sie basieren darauf, nicht die ganze Software auf einmal zu entwickeln. Stattdessen werden kleine Komponenten oder einzelne Funktionen schnell in eine funktionierende Software umgesetzt und diese dann mit Stakeholdern diskutiert. Dann wird die erstellte Software auf Basis der Diskussion verbessert und um weitere Funktionalitäten ergänzt. Dieser Entwicklungszyklus wird dann wiederholt. Bei agilen Vorgehensmodellen beträgt die Dauer eines Entwicklungszyklus typischerweise zwei bis vier Wochen.

Ein Vorteil des agilen Vorgehens besteht darin, dass durch die kurzen Zyklen und die häufige Kommunikation mit den Stakeholdern nicht monatelang in eine Richtung entwickelt wird, die sich als falsch oder nicht gewünscht erweist. Ein weiterer Vorteil ist, dass man auch noch im laufenden Entwicklungsprozess auf Änderungen des Umfelds reagieren kann, beispielsweise auf unerwartete technologische Neuerungen.

Viele Praktiken, die aus der agilen Softwareentwicklung stammen, haben in der Softwareentwicklung allgemein Verbreitung gefunden und werden auch außerhalb von agilem Vorgehen angewandt. Ein Beispiel ist das Schreiben von Testfällen vor der Implementierung einer Funktion, wie oben beschrieben.

Eine andere Praktik aus der agilen Softwareentwicklung ist die **Paarprogrammierung**. Dabei schreiben zwei Personen gemeinsam an einem Rechner den Quellcode. Eine Person übernimmt die Rolle des aktiven Entwicklers, schreibt den Code und erläutert dabei ihre Gedanken. Die andere Person fungiert als Beobachter; sie kontrolliert den Code und hinterfragt ihn. Nach ungefähr einer Stunde tauschen beide Personen die Rollen. Auch wird die Zusammensetzung der Paare täglich oder wöchentlich gewechselt.

Das Ziel dieser Methode ist es, Probleme im Gespräch zu zweit zu lösen. Dadurch soll die Softwarequalität erhöht werden, weil Menschen meist Fehler, die andere machen, leichter erkennen als die eigenen. So kommen von Anfang an weniger Fehler in den Quellcode. Das gemeinsame Arbeiten fördert ferner den Wissenstransfer im Entwicklungsteam, da die Teammitglieder voneinander lernen und sich fachlich austauschen können. Dies kann auch genutzt werden, um im Sinne eines Mentorings die unerfahreneren Teammitglieder von den erfahreneren lernen zu lassen. Neben der Erhöhung der Softwarequalität und dem Wissenstransfer bietet die Paarprogrammierung noch weitere Vorteile. So kann sie dazu beitragen, dass die Entwickler während der Arbeit weniger häufig gestört werden, weil sie auch für andere erkennbar fokussiert arbeiten und daher nicht so leicht von anderen angesprochen werden. Ferner kann Paarprogrammierung auch zu verbesserter Kommunikation im Team und zu einer besseren Teambildung führen, weil sich durch die enge Zusammenarbeit die Entwickler besser kennenlernen.

Eine Weiterentwicklung der Paarprogrammierung ist das „Mob Programming", bei dem sich ein ganzes Team vor einem großformatigen Bildschirm versammelt, eine drahtlose Tastatur an die Person gegeben wird, die gerade den Code schreibt, und alle gemeinsam Ideen austauschen. Das kann insbesondere bei sehr schwierigen Aufgaben, die allein manchmal sehr frustrierend wären, ein sinnvolles Vorgehen sein.

Eine andere Praktik, die heute allgemein verbreitet ist und ursprünglich aus dem Extreme Programming stammt, ist das **Refactoring**. Dabei bezeichnet Refactoring einen Prozess, bei dem der Quellcode einer Software verbessert wird, ohne dass sich dadurch das von außen sichtbare Verhalten der Anwendung ändert. In der agilen Softwareentwicklung ist Refactoring ein wichtiger Schritt, um den Code klar und verständlich zu halten.

Refactoring kann auf unterschiedlichen Veränderungen im Quellcode basieren. So kann man die Namen von Variablen oder Funktionen für eine bessere Lesbarkeit ändern. Es ist aber auch möglich, dass ganze Komponenten neu geschaffen oder so umgebaut werden, dass Funktionalitäten aus einer Komponente in eine andere Komponente verschoben werden. Im letzteren Fall ändern sich auch die Schnittstellen der Komponenten, was weitere Veränderungen an vielen anderen Stellen in der Codebasis erforderlich macht. Verbesserungen der Einrückungen und der Klammersetzung erhöhen zwar auch die Lesbarkeit des Quellcodes, werden aber heutzutage automatisch durch die Entwicklungsumgebung erledigt.

Ein Refactoring wird erst vorgenommen, wenn man einen funktionierenden Quellcode vor sich hat, wenn also alle automatischen Tests erfolgreich durchlaufen wurden. Und selbstverständlich müssen dieselben Tests auch noch nach dem Refactoring erfolgreich durchlaufen.

Eine weitere Praktik, die aus dem agilen Umfeld stammt und sich sehr verbreitet hat, betrifft das Erfassen und Dokumentieren von Anforderungen in Form sogenannter **User Storys**. User Storys sind kurze, einfache Beschreibungen einer Funktionalität aus Sicht des Endnutzers. Sie sind nach dem folgenden Schema aufgebaut: „Als <ROLLE> möchte ich <AKTION>, damit <NUTZEN>." Dadurch wird beim Lesen einer User Story direkt erkennbar, welche Nutzergruppe welchen Nutzen durch die jeweilige Funktionalität erhält. Dies erleichtert die Priorisierung von User Storys. Ein Beispiel einer User Story für einen Webshop wäre: „Als Kunde möchte ich Produktbewertungen anderer Kunden lesen können, damit ich besser abschätzen kann, für welches Produkt ich mich entscheiden sollte." Eine Anforderung an eine Projektmanagement-Software wäre: „Als Projektleiterin möchte ich den Fortschritt eines Teilprojekts in Echtzeit sehen können, um bei drohenden Verzögerungen lenkend eingreifen zu können."

Agiles Vorgehen: Scrum
Derzeit ist Scrum dasjenige agile Vorgehensmodell, das die mit Abstand größte Verbreitung gefunden hat. Daher soll es im Folgenden kurz vorgestellt werden.

Agile Vorgehensmodelle richten sich ursprünglich an relativ kleine Teams und als typische Größe eines Scrumteams wurden maximal zehn Personen vorgesehen. Ein solches Scrumteam setzt sich aus drei Rollen zusammen: Product Owner, Scrum Master und Entwicklungsteam. Die Rollen Product Owner und Scrum Master sind dabei jeweils mit genau einer Person besetzt. Die übrigen Personen des Scrumteams bilden zusammen das Entwicklungsteam.

Die Rolle Product Owner dient als Stellvertretung der Stakeholder im Scrumteam. Durch dieses Bindeglied gibt es einen eindeutigen Kommunikationsweg zwischen dem Scrumteam einerseits und den Stakeholdern, insbesondere der Auftraggeberseite andererseits. Dabei ist zu beachten, dass der Product Owner keine Weisungsbefugnis gegenüber dem Entwicklungsteam hat. Idealerweise ist diese Rolle mit einer Person besetzt, die nicht nur kommunikative Stärken hat, sondern sich sowohl im Geschäftsbereich der Auftraggeber auskennt als auch Erfahrungen in der Softwareentwicklung hat.

Die Rolle Scrum Master kümmert sich um den Entwicklungsprozess und die Einhaltung der Scrumregeln. Hier spielt beispielsweise die Teamdynamik innerhalb des Scrumteams eine Rolle, aber auch, dass die Beteiligten an ihren Meetings teilnehmen und dass diese Meetings die in Scrum vorgesehene Form einhalten. Die vier Meetingarten, die Scrum kennt, werden später noch genauer beschrieben.

Die Rolle Entwicklungsteam ist mit mehreren Personen besetzt. Diese erledigen die eigentliche Entwicklungsarbeit am Produkt und werden bezüglich der Arbeitsabläufe und der internen Kommunikation vom Scrum Master unterstützt.

Im Scrumprozess finden vier Arten von Meetings statt. Durch sie wird der eigentliche Scrumprozess strukturiert. Wie bereits erwähnt, hat der Scrumprozess eine zyklische Struktur, die sich alle 2–4 Wochen wiederholt. Ein solcher Durchlauf wird in Scrum als „Sprint" bezeichnet. Vor dem Beginn eines Sprints findet das erste Meeting statt, das „Sprintplanning". In diesem Meeting wird ausgewählt, welche Anforderungen im folgenden Sprint implementiert werden sollen. Dabei ist einerseits die Priorisierung der Anforderungen zu beachten, die mithilfe des Product Owners vorgenommen wurde. Andererseits muss das Entwicklungsteam darauf achten, realistisch einzuschätzen, ob es die gewählten Anforderungen auch wirklich innerhalb eines Sprints umsetzen kann. Für die Aufwandsschätzung im Sprintplanning haben sich bestimmte Methoden etabliert, beispielsweise das Planningpoker. Nachdem der Sprint gestartet ist, darf die Auswahl der umzusetzenden Anforderungen nicht verändert, insbesondere nicht vergrößert werden.

Während der **Sprint** läuft, findet täglich das „Daily Scrum" statt. Dies ist ein Meeting zum Besprechen des Fortschritts. Es hat eine harte zeitliche Obergrenze von 15 Minuten. Als aktive Gesprächsteilnehmer sind nur die Mitglieder des Entwicklungsteams beteiligt. Der Scrum Master hat eine beobachtende Rolle und greift nur ein, wenn Rahmenbedingungen wie das Zeitlimit nicht eingehalten werden. Im Daily Scrum soll jede Person aus dem Entwicklungsteam kurz sagen, was sie seit dem letzten Meeting erledigt hat und was sie bis zum nächsten Meeting erledigen möchte. Außerdem kann sie thematisieren, wenn sie aufgrund von Problemen nicht weiterkommt; das inhaltliche Gespräch über diese Probleme und mögliche Lösungsansätze werden dann außerhalb des Daily Scrum besprochen.

Nach dem Sprint gibt es zwei weitere Meetings: Review und Retrospektive. Im Review werden die Arbeitsergebnisse besprochen, insbesondere welche (Produkt-)Ziele im Sprint wie gut erreicht wurden. In der Retrospektive geht es hingegen nicht um die Arbeitsergebnisse, sondern um die Arbeitsprozesse. Hier findet eine Rückschau auf den beendeten Sprint statt und es wird überlegt, welche Probleme aufgetreten sind und wie Zusammenarbeit und Arbeitsabläufe verbessert werden können. Ziel der Retrospektive ist die kontinuierliche Verbesserung der Arbeit im Team. Die Retrospektive erfolgt nach dem Review, da die Qualität der Arbeitsergebnisse dann bekannt ist und diese Erkenntnisse in die Retrospektive einfließen können.

Nachdem die Rollen und der Prozess von Scrum dargestellt wurden, soll nun noch kurz dargestellt werden, in welcher Form der aktuelle Projektstand bei Scrum verwaltet und dokumentiert wird. Zwei (typischerweise digital geführte) Listen sind das Product Backlog und das Sprint Backlog. Das Product Backlog ist eine Auflistung sämtlicher Anforderungen in Form von User Storys. Demgegenüber umfasst das Sprint Backlog diejenigen User Storys, die im aktuellen Sprint umgesetzt werden sollen. Das Sprint Backlog wird beim Sprintplanning befüllt und während eines Sprints nicht verändert. Am Ende eines Sprints kommen diejenigen User Storys, die im Sprint nicht umgesetzt werden konnten, zurück ins Product Backlog und können im folgenden oder in einem späteren Sprint wieder aufgenommen werden.

Zur Visualisierung des Fortschritts innerhalb eines Sprints können ein Burndown Chart und ein Taskboard genutzt werden. Der **Burndown Chart** zeigt anhand einer absteigenden Linie, welcher Anteil der Aufgaben des Sprints bereits umgesetzt wurde. Das **Taskboard**, auch Scrumboard genannt, besteht aus einer Tafel, die in drei Spalten unterteilt ist. Die drei Spalten sind mit „To-do", „Doing" und „Done" beschriftet. In die Spalten werden Haftnotizen geklebt, wobei auf jeder Haftnotiz genau eine User Story beschrieben wird. Am Anfang des Sprints befinden sich alle Zettel in der linken Spalte mit der Überschrift „To-do". Wer mit der Umsetzung einer User Story beginnt, verschiebt die entsprechende Haftnotiz in die Spalte „Doing". Nach der Fertigstellung der Funktionalität, die in der User Story beschrieben wurde, wird der Zettel in die Spalte „Done" verschoben. Oft wird zu jeder User Story eine überprüfbare Bedingung aufgeschrieben, die erfüllt sein muss, damit der Zettel in die Spalte „Done" verschoben werden darf. Diese Bedingung wird als „Defintion of Done", kurz DoD, bezeichnet. Sie wird meist direkt beim Formulieren der User Story festgelegt, also deutlich vor Beginn der Arbeit an dieser Story.

CI/CD/DevOps
Nachdem in den vorangegangenen Abschnitten die wichtigsten Aspekte des Softwareengineerings dargestellt wurden, soll es im nun folgenden letzten Abschnitt noch einen Blick über den Tellerrand der Softwareentwicklung hinaus geben. Nachdem die agile Softwareentwicklung immer größere Verbreitung erlangte, hat sich mit „DevOps" ein Ansatz entwickelt, der die bisher übliche Trennung von Softwareentwicklung einerseits und IT-Betrieb andererseits in weiten Teilen aufhebt. Um dies nachvollziehen zu können, wird zunächst dargestellt, was genau IT-Betrieb bedeutet. Dann werden kurz die Begriffe Continuous Integration (CI) und Continuous Delivery (CD) erläutert, denn CI und CD stellen Grundlagen dar, auf denen DevOps aufbaut.

Mit „IT-Betrieb", „Operations" oder kurz „Ops" werden das Management, die Bereitstellung und Überwachung von Infrastruktur und Diensten verstanden, die notwendig sind, damit ein Softwareprodukt läuft und genutzt werden kann. Um dies am Beispiel eines Webshops zu verdeutlichen: Es reicht nicht, die Software für den Webshop zu haben. Man benötigt auch Server, auf denen diese Software läuft. Außerdem einen Datenbankserver und eine Anbindung ans Internet. All diese Infrastrukturkomponenten sollen dabei nicht nur fehlerfrei, sondern auch möglichst ununterbrochen laufen, damit der Webshop jederzeit von den Kunden genutzt werden kann. Also gehören auch die Absicherung gegen Stromausfall, Naturkatastrophen, Hackerangriffe, Ausfälle aufgrund von Softwarefehlern und viele weitere Aspekte mit zum IT-Betrieb. Hier arbeitet man eher mit Hardware und Betriebssystemen als mit der Anwendungssoftware deshalb waren IT-Betrieb und Softwareentwicklung über Jahrzehnte Disziplinen, die zwar beide im Informatik- und IT-Bereich angesiedelt waren, aber wenig miteinander zu tun hatten. Dies hat sich geändert, und wenn Softwareentwicklung und Betrieb als ein Ganzes betrachtet werden, dann spricht man von „DevOps". Dabei steht „Dev" für Development, also Softwareentwicklung, und „Ops" für den IT-Betrieb.

Voraussetzungen, die es ermöglicht haben, DevOps als einen einheitlichen Prozess zu sehen, waren die Verbreitung von CI und CD. CI stammt aus der Frühzeit der agilen Softwareentwicklung und hat sich auch außerhalb agiler Softwareentwicklung durchgesetzt. **CI** bedeutet dabei, dass die Entwickler ihre Codeänderungen regelmäßig in eine gemeinsame Codebasis, das Repository, integrieren („einchecken") und dass dabei der Code automatisch getestet und kompiliert wird. Dies führt dazu, dass Fehler sofort bemerkt werden können, wenn der Code ins Repository gelangt.

CD umfasst CI, geht aber noch weiter. Ziel bei **CD** ist, dass der Codestand aus dem Repository jederzeit kompilierbar und potenziell auslieferungsfähig ist. Dazu gehören neben den automatisierten Komponententests mit Benachrichtigungen im Fall von Fehlern auch Tests der vollständig gebauten Software in einer Umgebung, die der späteren Umgebung im Betrieb möglichst ähnlich ist. Auch die Inbetriebnahme in der Produktivumgebung (nur, wenn alle Tests bestanden wurden) kann im Rahmen von CD komplett automatisiert sein.

DevOps umfasst zunächst CD, d. h., sobald Entwickler Änderungen der Software einchecken, wird der neue Stand der Software sofort kompiliert, getestet und in der Produktivumgebung bereitgestellt. Um nun den IT-Betrieb und die Entwicklung miteinander zu verzahnen, werden im Betrieb Daten über die laufende Software erfasst, beispielsweise, bei welchen Benutzerzahlen sie wie schnell und wie stabil arbeitet. Das Erfassen und Auswerten dieser Daten wird auch als **Monitoring** bezeichnet. Bei DevOps werden die Monitoringdaten dann genutzt, um die Entwickler auf mögliche Schwächen der Software, die sich im Betrieb zeigen, oder auf mögliche neue Funktionalitäten hinzuweisen. So ergibt sich eine Rückkopplungsschleife, durch die Entwicklung und IT-Betrieb sich in sehr schnellen Zyklen systematisch verbessern können.

16.6 Abschlussbemerkung

Die folgende Abschlussbemerkung stammt von Irene Rothe; ich kann ihr inhaltlich komplett zustimmen und übernehme sie daher an dieser Stelle im Wortlaut:

> „Was ich am Programmierertypus liebe …
> Wenn ich Rückblick halte in meinem Leben, kam ich am besten mit Kollegen klar, die richtige Programmierer sind. Ich mag die Art, wie Programmierer sind: großzügig (geben Tipps aus Berufung, ihnen käme gar nichts anderes in den Sinn), immer nur am Inhalt interessiert, keine Schwafler, stellen niemals jemanden als dumm hin … Ach, ich liebe diesen Menschentypus."

Fragen
1. Was ist an diesem Programm nicht schön?

```
int keineAhnungWozuEsMichGibt;
int main(){
    10: int a1,a2,a3,a4,n, ichHabeMichGeirrt;
        for(a1=0;a1<n;a1++){
```

```
          for(a2=0;a2<n;a2++){
            for(a3=0;a3<n;a3++){
              for(a4=0;a4<n;a4++){
                ichHabeMichGeirrt=1;
                goto 10;
              }
            }
          }
        }
        return 0:
}
```

A) alles
B) das goto
C) die viel zu vielen for-Schleifen
D) die unverständlichen Variablennamen
E) die globale Variable

2. Was ist eine User Story?
   A) ein ausführlicher technischer Entwurf für eine neue Funktion
   B) eine kurze Beschreibung einer Funktion aus Sicht eines Endbenutzers
   C) ein detailliertes Testskript für die Durchführung von Komponententests
   D) ein Projektplan im Software-Projektmanagement mit Fokus auf Usabilitytests

3. Welche der folgenden Praktiken sind Kernbestandteile von DevOps?
   A) automatisiertes Kompilieren, Testen und Inbetriebnehmen
   B) manuelles Inbetriebnehmen nach mehrmonatiger Entwicklungsarbeit
   C) monolithische Architektur der Anwendungssoftware sicherstellen
   D) Zusammenarbeit und Kommunikation zwischen Entwicklungs- und Betriebsteam
   E) Vernachlässigung von Sicherheitsprozessen

Richtige Antworten: 1: A, 2: B, 3: A, D

Literatur

Beck, K., Andres, C.: Extreme Programming Explained: Embrace Change. Addison-Wesley Professional, Boston (2004)
Broy, M., Kuhrmann, M.: Projektorganisation und Management im Software Engineering. Springer-Verlag, Berlin/Heidelberg (2013)
Burghardt, M.: Projektmanagement: Leitfaden für die Planung, Überwachung und Steuerung von Projekten. Publicis Publishing, Erlangen (2018)
Franken, M.: Scrum für Dummies. Wiley-VCH, Weinheim (2014)
Goldratt, E.M., Cox, J.: Das Ziel. Ein Roman über Prozessoptimierung. Campus Verlag GmbH, Frankfurt a. M. (2013)
Hunt, A., Thomas, D.: Der pragmatische Programmierer. Hanser Fachbuch, München (2003)

Kim, G., Humble, J., Debois, P., Willis, J.: The DevOps Handbook: How to Create World-Class Agility, Reliability, & Security in Technology Organizations. IT Revolution Press, Portland (2012)

Kim, G., et al.: Projekt Phoenix: Der Roman über IT und DevOps – Neue Erfolgsstrategien für Ihre Firma. O'Reilly, Heidelberg (2015)

Lampe, J.: Clean Code für Dummies. Wiley-VCH, Weinheim (2020)

Martin, R.C.: Clean Code – Refactoring, Patterns, Testen und Techniken für sauberen Code. mitp, Frechen (2009)

Meyer, B.: Agile! The Good, the Hype and the Ugly. Springer, Berlin/Heidelberg (2014)

Pohl, K., Rupp, C.: Basiswissen Requirements Engineering: Aus- und Weiterbildung nach IREB-Standard zum Certified Professional for Requirements Engineering Foundation Level. dpunkt Verlag GmbH, Heidelberg (2021)

Richardson, J., Gwaltney, W.: Ship it! Hanser Verlag, München (2006)

Rost, J., Glass, R.L.: The Dark Side of Software Engineering: Evil on Computing Projects. Wiley, Hoboken (2011)

Spillner, A., Linz, T.: Basiswissen Softwaretest: Ausbildung zum Certified Tester Foundation Level nach ISRQB-Standard. dpunkt Verlag GmbH, Heidelberg (2019)

Tiemeyer, E.: Handbuch IT-Projektmanagement: Vorgehensmodelle, Managementinstrumente, Good Practices. Carl Hanser Verlag GmbH Co KG, München (2018)

Wolff, E.: Contiuous Delivery: Der pragmatische Einstieg. dpunkt Verlag GmbH, Heidelberg (2016)

Künstliche Intelligenz 17

Verfasst von Therese Mieth (HS Bund) und Zuarbeit von Irene Rothe

17.1 Klassische Algorithmen vs. KI-Algorithmen

Bisher haben wir Algorithmen als eine *endliche* Folge von Regeln kennengelernt, die zur Lösung eines Problems abgearbeitet werden müssen (Kap. 5).

Ein Algorithmus A liefert für unterschiedliche Eingaben unterschiedliche Lösungen. Die Lösung hängt also von der Eingabe x ab. Deswegen schreiben wir für die Lösung A(x).

Klassische Algorithmen zur Problemlösung sind meist so konstruiert, dass eindeutig klar ist, wie die Lösung zu einer bestimmten Eingabe x aussehen soll. Die Lösung A(x) ist also eindeutig. Für das Sortieren von Zahlen [4, 3, 4, 7, 1, 0, 4] (siehe Abschn. 6.5) wissen wir schon vor der Anwendung des Sortieralgorithmus Bubblesort, dass die Lösung des Problems A(x) gleich [0, 1, 3, 4, 4, 4, 7] sein soll, siehe Abb. 17.1.

Beim Sortierproblem haben wir gesehen, dass es verschiedene Algorithmen geben kann, die das gleiche Problem lösen. Wir – die Algorithmenentwickler:innen – haben dabei verschiedene Ideen des (intuitiven) Herangehens so beschrieben, dass es eine Maschine auch versteht. Die Maschine führt also die Schritte aus, die wir als Mensch eigentlich machen würden. Eine Besonderheit – im Vergleich zu KI-Algorithmen – ist, dass wir deswegen immer genau wissen, welche Schritte das sind – denn wir haben es der Maschine ja beigebracht.

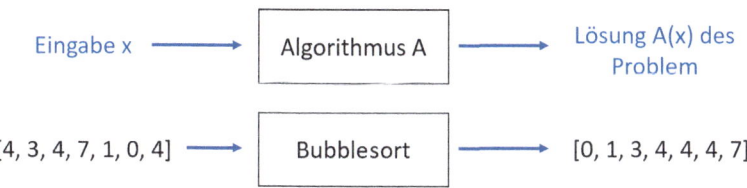

Abb. 17.1 Sortieren von Zahlen. (Siehe Kap. 5)

Manchmal gibt es jedoch auch Probleme, wo wir zwar wissen, dass wir sie lösen können, aber wir nicht genau sagen können, wie wir das machen (und somit können wir es auch der Maschine nicht genau sagen). Beispielsweise können schon kleine Kinder relativ zuverlässig auf Fotos unterscheiden, ob sich darauf eine Katze oder ein Hund befindet. Es ist aber schwer (vielleicht sogar unmöglich?) zu versuchen, die einzelnen Schritte zu beschreiben, die wir bei dieser Entscheidungsfindung machen. Die Komplexität des Problems ist scheinbar so groß, dass wir keinen geeigneten Algorithmus formulieren können.

An dieser Stelle können KI-Algorithmen helfen. Man versucht gar nicht erst, wie bei klassischen Algorithmen eine schrittweise Anleitung des konkreten Problems zu geben. Stattdessen versuchen KI-Algorithmen große Mengen an Daten so zu verarbeiten, dass sie daraus ein Modell lernen, welches dann zur eigentlichen Lösung des Problems verwendet werden kann. Diese Art von KI-Algorithmen gehört zum sogenannten **maschinellen Lernen**. Natürlich ist ein KI-Algorithmus als solcher immer noch ein Algorithmus im klassischen Sinne, also eine endliche Abfolge von (von uns) festgelegten Schritten, jedoch ist das Ergebnis ein Modell und nicht mehr die Lösung des ursprünglichen Problems. Dieses Modell können wir dann verwenden, um eine (KI-)Lösung des Problems zu erhalten, siehe Abb. 17.2.

Ob diese Lösung tatsächlich richtig ist, können wir aber häufig nur vermuten oder hoffen bzw. mit einer gewissen Wahrscheinlichkeit sagen. Dies liegt daran, dass wir das Modell zur Lösung des Problems nicht mehr von Hand selbst gebaut haben, sondern nur die Anleitung, „wie das Modell gebaut wird", in eine für die Maschine verständliche Sprache übersetzt haben. Es ist entscheidend zu verstehen, dass das nicht dasselbe ist!

Ein wichtiger KI-Algorithmus, der dies gut verdeutlicht, ist der Entscheidungsbaum (engl. „decision tree"). Das Modell besteht dabei aus aufeinander aufbauenden Ja-Nein-Fragen. Ein Ansatz, um die Frage nach „Katze oder Hund" zu beantworten, ist es, anhand von Merkmalen wie Form der Ohren, Form des Gesichts und Vorhandensein von Schnurrhaaren (Beispiel von https://medium.com/@judy-kaushalya3/decision-tree-model-c2b1738e8758 [abgerufen am 02.09.2024]) zu versuchen, einen Entscheidungsbaum zu erstellen. Dieser könnte unterschiedlich aussehen, siehe Abb. 17.3.

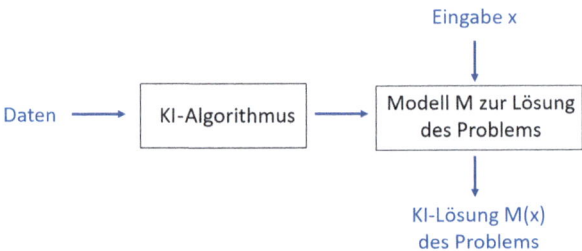

Abb. 17.2 Schema zur Lösung eines Problems mithilfe eines KI-Algorithmus auf Basis von **maschinellem Lernen**

17.1 Klassische Algorithmen vs. KI-Algorithmen

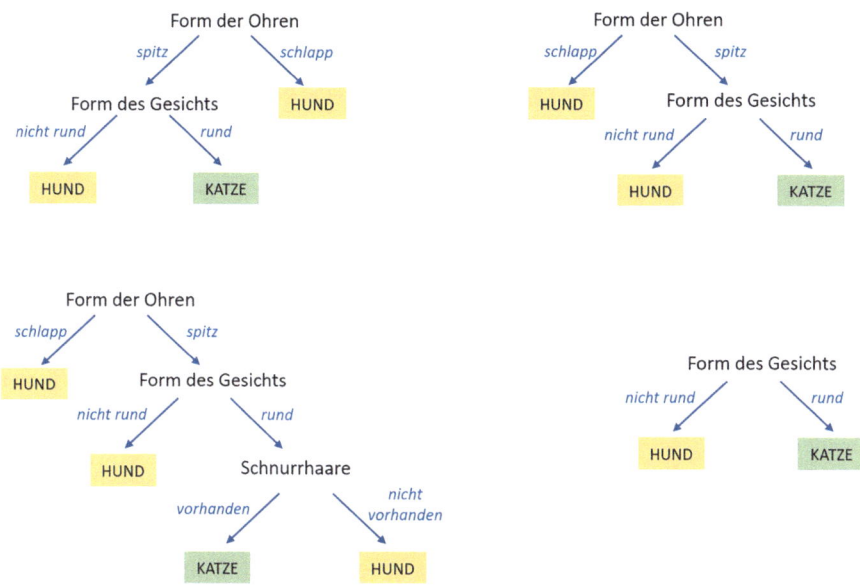

Abb. 17.3 Verschiedene Entscheidungsbäume zum Problem „Katze oder Hund?"

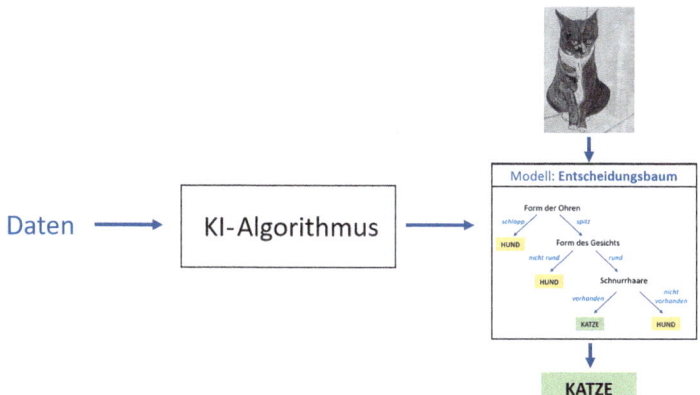

Abb. 17.4 Schema zur Lösung des Problems „Katze oder Hund" mithilfe des Entscheidungsbaum-Algorithmus

Welcher Entscheidungsbaum jetzt „der beste" ist, ist jedoch immer noch schwer zu sagen. Deshalb übernimmt dies ein KI-Algorithmus für uns. Der KI-Algorithmus „lernt" aus vorhandenen Trainingsdaten, welcher Entscheidungsbaum am besten funktioniert. Diesen Baum (= Modell) können wir dann verwenden, um unser eigentliches Problem („Katze oder Hund?") zu lösen, siehe Abb. 17.4. Wir haben es dem KI-Algorithmus überlassen, das Modell für uns zu erstellen, anstatt es (wie bei klassischen Algorithmen üblich) selbst zu bauen. Natürlich haben wir dem KI-Algorithmus dabei genau gesagt, *wie* er vorgehen soll, um den richtigen Baum auszusuchen. Der KI-Algorithmus soll beispielsweise immer das Merkmal zuerst auswählen, welches die Trainingsdaten am ehesten so aufteilt, dass bei den Blättern möglichst „nur Katzen" bzw. „nur Hunde" zu finden sind. Wir haben also zu jedem Zeitpunkt die volle Kontrolle über die Funktionsweise des KI-Algorithmus, aber nicht über das resultierende Modell.

Das Modell des Entscheidungsbaumes hat den Vorteil, dass wir das erstellte Modell im Anschluss immer noch erklären können. Wir können die Entscheidung nachvollziehen, indem wir für die Eingabe den entsprechenden Pfad im Baum entlang gehen. Die Entscheidung ist *erklärbar*. Man spricht auch von Whiteboxmodellen.

Im Gegensatz dazu gibt es auch KI-Algorithmen, die sogenannte Blackboxmodelle erstellen. Ein wichtiges Beispiel dafür sind die künstlichen neuronalen Netze. Die Grundidee ist, die menschliche Entscheidungsfindung dadurch zu modellieren, dass man das Gehirn selbst nachahmt. Dazu betrachtet man den vereinfachten Aufbau einer biologischen Nervenzelle (Neuron) wie folgt, siehe Abb. 17.5. Dendriten empfangen Signale von anderen Neuronen, der Zellkern verarbeitet die Informationen und leitet diese an das nächste Neuron (oder mehrere) weiter, falls eine gewisse Signalstärke erreicht ist. Bei einem künstlichen Neuron werden (statt elektrischer Signale) Zahlenwerte übertragen. Außerdem werden die Eingaben gewichtet, um die unterschiedlich starke Übertragung einer Nervenzellenverbindung nachzuahmen. Erreicht die Summe aller gewichteten Eingangswerte einen Schwellwert, wird auch der Ausgabewert entsprechend groß. Ähnlich wie Nervenzellen werden einzelne künstliche Neuronen dann miteinander verbunden. Dabei entstehen die berühmten künstlichen neuronalen Netze.

Für den Computer besteht ein Tierbild aus vielen Pixeln, welche als Zahlenwerte (Position und Farbwert) codiert sind. Diese Zahlenwerte stellen wir uns als Eingangswerte für ein künstliches neuronales Netz vor. Diese Pixel-Zahlenwerte werden also zunächst an die Eingabeschicht eines künstlichen neuronalen Netzes angelegt. Dann erfolgen sehr viele Berechnungen gemäß Abb. 17.5, deren Ergebnisse immer an die nächsten Neuronen weitergegeben werden. Sind die Berechnungen bei der letzten Schicht oder dem letzten Neuron angekommen, liefert das letzte Ergebnis schließlich die Entscheidung, ob es sich um einen Hund oder eine Katze gehandelt hat, siehe Abb. 17.6.

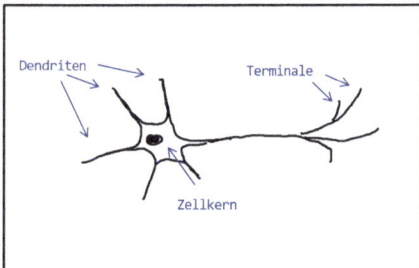
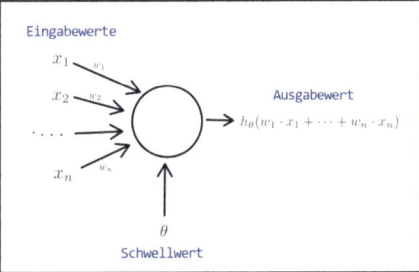

Abb. 17.5 Gegenüberstellung einer biologischen Nervenzelle mit dem Modell eines künstlichen Neurons

17.1 Klassische Algorithmen vs. KI-Algorithmen

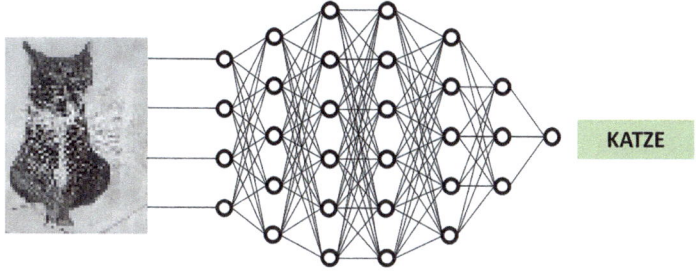

Abb. 17.6 Künstliches neuronales Netz zur Lösung des Problems „Katze oder Hund?"

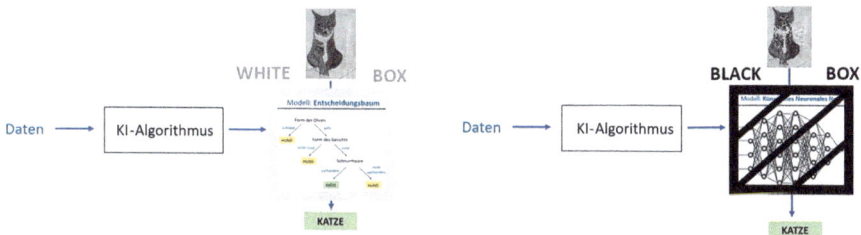

Abb. 17.7 Ein KI-Algorithmus lernt anhand von Daten ein Modell (links: Whiteboxmodell, rechts: Blackboxmodell), welches im Anschluss zur Lösung des Problems „Katze oder Hund?" verwendet werden kann

Wir lassen dabei (wie bei dem Entscheidungsbaum) einen KI-Algorithmus entscheiden, welches künstliche neuronale Netz für diese Aufgabe besonders gut funktioniert. Im Unterschied zu den Entscheidungsbäumen können wir jedoch das resultierende Modell nicht wirklich erklären. Wir können zwar beobachten, dass das Modell auf unseren Trainingsdaten gut bzw. richtig funktioniert, aber wir wissen nicht, warum. Wir wissen nicht, ob das künstliche neuronale Netz die Form der Ohren erkannt hat oder die Schnurrhaare oder etwas ganz anderes. Aus diesem Grund spricht man von einer Blackbox, also von einer Box, die so schwarz ist, dass man nicht hineinschauen kann, um zu verstehen, was passiert, siehe Abb. 17.7.

Diese beiden Vorgehensweisen des maschinellen Lernens sind vom Grundprinzip her gleich. Es wird anhand der Trainingsdaten ein Modell „gelernt". Für die Anwendung in der Praxis ist die Auswahl des konkreten Modells also entscheidend.

Je nach Anwendungsfall wird entschieden, welches Modell am geeignetsten ist. So kann es in bestimmten Kontexten z. B. sinnvoll sein, ein Whiteboxverfahren des maschinellen Lernens zu verwenden und so Einsicht in die gefundenen Entscheidungen zu haben, obwohl die Ergebnisse vielleicht schlechter sind als bei einem Blackboxverfahren. In diesem Sinne sind Transparenz und Nachvollziehbarkeit neben der Qualität des Modells immer auch sehr wichtige Aspekte bei KI-Systemen.

Neben den Verfahren des maschinellen Lernens, gibt es noch eine weitere Klasse von KI-Algorithmen, die sogenannten **regelbasierten KI-Systeme**. Während man beim maschinellen Lernen versucht, den Lernprozess nachzubilden, ist die Idee bei regelbasierten KI-Systemen, dass man der Maschine die Fähigkeit des logischen Schlussfolgerns beibringt, um Aufgaben zu lösen. Dazu wird eine Wissensbasis, welche Fachwissen in einer bestimmten Repräsentationsform enthält, angelegt bzw. regelmäßig durch den Menschen befüllt. Außerdem wird eine sogenannte Interferenzmaschine implementiert, die aus der Verarbeitung des Wissens neue Aussagen ableitet.

Im einfachsten Fall kann man sich vorstellen, dass die Interferenzmaschine aus einer Reihe von „WENN-DANN-Regeln" besteht, die ihr vom Menschen beigebracht wurden und welche die Maschine dann selbstständig anwenden kann, siehe Abb. 17.8.

Solche KI-Systeme kommen immer da zum Einsatz, wo man aus detaillierten Daten und Zusammenhängen mithilfe von logischen Schlussfolgerungen Ergebnisse ableiten kann. Dies kann z. B. helfen, Ärzte oder Automechanikerinnen bei Routineaufgaben zu unterstützen.

Fragen zum Abschnitt 17.1

Die Frage aus Kap. 3, siehe Abb. 17.9, wird nun ganz neu beantwortet.

VORHER C): Mensch denkt sich Algorithmus aus, übersetzt diesen in eine (Programmier-)Sprache, welche der Computer versteht, und Computer löst durch Ausführung des Programms schließlich das Problem

JETZT B): Mensch denkt sich Algorithmus aus, wie der Computer einen Algorithmus (Modell) entwerfen kann. In diesem Sinne könnte man sagen, dass der Mensch und der Computer *gemeinsam* das Problem lösen: Der Mensch gibt dem Computer Anweisungen, wie der Computer sich dann die Problemlösungsanleitung ausdenkt.

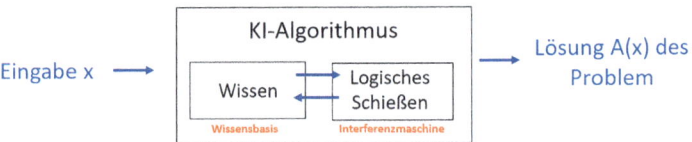

Abb. 17.8 Schema zur Lösung eines Problems mithilfe eines KI-Algorithmus auf Basis von **regelbasierten KI-Systemen**

Wer muss sich die Problemlösungsanleitung (Algorithmus) ausdenken?
A) Computer
B) Mensch und Computer zusammen
C) Mensch
Richtige Antwort C)

Abb. 17.9 Frage aus Kap. 3

17.2 Was ist KI?

Bis heute gibt es keine allgemeingültige Definition der (menschlichen) Intelligenz. Es gibt verschiedene Ansätze, die zu einem unterschiedlichen Gebrauch des Begriffs Intelligenz führen. Der Übergang von (menschlicher) Intelligenz zu Künstlicher Intelligenz ist dadurch natürlich entsprechend schwierig und führt teilweise zu falschen Erwartungen oder unnötigen Ängsten.

Wenn wir Künstliche Intelligenz (KI) als ein Teilgebiet der Informatik auffassen, geht es um Algorithmen, die zum Lösen von Problemen menschliche kognitive Fähigkeiten nachahmen. Verfahren aus dem Bereich des maschinellen Lernens (wie z. B. der Entscheidungsbaum oder das künstliche neuronale Netz) imitieren dabei den menschlichen Lernprozess, indem sie Informationen aus Trainingsdaten ableiten und dadurch lernen, das Problem zu lösen. Bei Verfahren aus dem Bereich der regelbasierten KI-Systemen wird das menschliche Schlussfolgern auf Grundlage von logischen Zusammenhängen imitiert. Bei der Frage, wie schlau solche KI-Systeme werden können, unterscheidet man üblicherweise in „starke KI" und „schwache KI":

- Eine *schwache KI* kann klar eingegrenzte Aufgaben sehr gut lösen, jedoch ist sie nicht in der Lage, ihre Fähigkeiten auf andere Aufgaben zu übertragen. Dahinter steckt die Ansicht, dass *manches* intelligente Verhalten des Menschen durch Berechnungsprozesse nachgebildet werden kann.
- Eine *starke KI* könnte eigenständig denken und handeln. Dahinter steckt die Ansicht, dass sich *alle* Bewusstseinsprozesse des Menschen durch Berechnungsprozesse nachbilden lassen.

Eine starke KI gibt es (bis heute) nicht. Alle bisher entwickelten KI-Systeme sind im Bereich der schwachen KI angesiedelt. Es wird immer wieder diskutiert, ob es überhaupt eine starke KI geben kann, welche die menschliche Intelligenz und das menschliche Dasein vollständig imitiert.

Hier führen wir einige Argumente auf, warum trotz der rasanten Entwicklung von KI-Algorithmen auch zukünftig wahrscheinlich keine starke KI entwickelt wird:

- Die Lernfähigkeit von vielen KI-Algorithmen kann auf das Erkennen von Mustern in großen Datenmengen reduziert werden.
- Alle bisher entwickelten KI-Algorithmen können nicht selbstständig ein Problem erkennen oder eigene Handlungsabläufe definieren. Sie handeln nach einem festen Regelwerk.
- Intelligenz bedeutet auch, innovativ zu sein und sich für das Unbekannte zu interessieren. Das machen Maschinen nicht.
- Solange die biologischen Grundlagen des Bewusstseins nicht klar sind, kann man auch keine KI entwickeln, die ein echtes Bewusstsein hat.

Hier führen wir einige Argumente auf, warum die aktuelle Entwicklung vielleicht als Zwischenschritt auf dem Weg der Entwicklung einer starken KI angesehen werden kann:

- Die Maschine ist schon heute in vielen Aufgaben dem Menschen überlegen, komplexe Aufgaben zu bewältigen. Sie kann schneller rechnen, hat ein besseres Gedächtnis und zweifelt nicht.
- Künstliche neuronale Netze lösen Probleme, indem sie elektrische Signalübertragung im Gehirn imitieren. Damit wird bereits jetzt ein Denkprozess erfolgreich durch die Maschine nachgebildet.

Obwohl die schwache KI im Vergleich zur starken KI weniger flexibel ist, erweist sich die schwache KI in vielen Anwendungsfällen als sehr nützlich. Die kontinuierliche Entwicklung und Optimierung von (schwachen) KI-Algorithmen führt dazu, dass sich auch eine schwache KI in immer komplexeren Anwendungen einsetzen lässt.

17.3 Angst vor KI

Viele Menschen fürchten sich vor den Auswirkungen von KI-Systemen. Man muss sich vor KI aber nicht fürchten, zumindest nicht mehr, als man sich vor anderen Technologien fürchtet. Man sollte sich aber bewusst machen, dass man sich – wie bei jeder neuen Technologie – nötige Fähigkeiten aneignen muss, um die Technologie sicher zu beherrschen.

Im Fall von KI ist ein erster Schritt, sich klar zu machen, dass hinter jeder KI menschliche Intelligenz steckt und es Menschen sind, die bestimmen, wie die Programme arbeiten. Egal, wie komplex ein Programm ist, es spiegelt immer nur das wider, was wir selbst verstanden und dem Programm beigebracht haben. Maschinen haben keine eigenen Ideen. Sie befolgen ein komplexes Regelwerk, welches wir Menschen definieren. Die Gefahr geht also eigentlich vom Menschen selber aus. Zum Beispiel dann, wenn wir einen Killerroboter programmieren oder (bewusst oder unbewusst) rassistische oder frauenfeindliche Chatbots erstellen (https://hub.hslu.ch/informatik/kunstliche-intelligenz-gibt-es-nicht-wichtig-ist-digitale-ethik/).

Um KI souverän nutzen zu können, muss man nicht alle technischen Details des KI-Algorithmus verstanden haben. Es genügt, sich klarzumachen

1. auf Basis welcher Daten und Zusammenhänge die KI trainiert wurde,
2. was genau die KI gelernt hat und
3. welche Auswirkungen das Ergebnis hat.

Menschen sollten nie total von einer Technologie abhängig sein, deshalb sollte man die meisten Fähigkeiten, die man an eine KI abgibt, auch selbst können oder zumindest prüfen können, ob die Antwort der KI plausibel ist und mit den Erwartungen übereinstimmt.

Ganz gleich werden Computer/KI und Menschen nie sein. Es gibt Probleme, wie die diophantischen Gleichungen, das Halteproblem (siehe Kap. 2) oder das Post'sche Korrespondenzproblem, die der Computer nie lösen kann. Der Mensch aber kann beweisen (durch abstraktes Denken), dass der Computer diese Gleichungen nie lösen kann.

Literatur

Arbeiten mit Chatgpt: https://www.ardmediathek.de/video/puls-reportage/bachelorarbeit-in-drei-tagen-mit-chatgpt/br-de/Y3JpZDovL2JyLmRlL3ZpZGVvL210MzBlM-mVlLTFjZmMtNDVkZS05M2E0LTFkMjNhYjlmYTRkMA?wt_zmc=nl.int.zonaudev.112331552451_417584178470.nl_ref. Zugegriffen am 09.12.2024.

Der Lernbereich „Künstliche Intelligenz" in der Jahrgangsstufe 11 des Gymnasiums, Bayerisches Staatsministerium für Unterricht und Kultus: https://www.isb.bayern.de/fileadmin/user_upload/Gymnasium/Faecher/Informatik/Handreichungen/Kuenstliche_Intelligenz/isb_kuenstliche_intelligenz_in_jgst_11.pdf (2023). Zugegriffen am 09.12.2024.

Dong, T.: Humorforschung, Deutscher und Chinesischer Humor. https://webdoc.sub.gwdg.de/ebook/dissts/Bremen/Cui2008.pdf (2008). Zugegriffen am 09.12.2024.

Luger, G.F.: Künstliche Intelligenz. Pearson, London (2002)

Ramge, T.: Mensch und Maschine: Wie Künstliche Intelligenz und Roboter unser Leben verändern, 6 Aufl. Reclam, Leipzig (2018)

Russel, S., Norvig, P.: Künstliche Intelligenz. Pearson Studium, London (2012)

Schwanitz, D.: Allgemeinbildung, Goldmanns Taschenbücher Band 15147 (2002)

Spannagel, C.: https://hochschulforumdigitalisierung.de/de/blog/chatgpt-und-die-zukunft-des-lernens-evolution-statt-revolution (2022). Zugegriffen am 09.12.2024.

Spannagel, C: Rules for Tools. https://csp.uber.space/phhd/rulesfortools.pdf (2023). Zugegriffen am 09.12.2024.

Spitzer, M.: Geist im Netz. Spektrum, Heidelberg (1996)

Wie intelligent sind die KI-Chatbots: https://www.youtube.com/watch?v=3ANjeVI8j38&t=826s. Zugegriffen am 09.12.2024.

Zweig, K.: Ein Algorithmus hat kein Taktgefühl: Wo künstliche Intelligenz sich irrt, warum uns das betrifft und was wir dagegen tun können. Heyne Verlag, München (2019)

Zweig, K.: KI kann nicht begründen, wie sie zur Entscheidung kommt, Frankfurter Allgemeine Zeitung 10.6.2024 (2024)

Anhang: Mini-C-Guide

Wie sind Programmierer? Großzügig (geben Tipps aus Berufung, ihnen käme gar nichts anderes in den Sinn), am Inhalt interessiert, keine Schwafler, stellen niemals jemanden als dumm hin … einfach ein furchtbar netter Menschentypus.

Grundvoraussetzungen
- Jedes C-Programm wird in einem Editor als Textdatei geschrieben, die unter einem beliebigen Namen mit der Endung .c abgespeichert wird.
- Man braucht einen C-Compiler, um das Programm in Maschinensprache zu übersetzen.
- Um ein C-Programm zu formulieren und ausführen zu können, muss eine main-Funktion (Ausgangspunkt aller Ausführungen) implementiert sein:

```
#include<stdio.h>
int main(){
 ............
 return 0;
}
```

Kontrollstrukturen
Algorithmen werden mithilfe von **Kontrollstrukturen** formuliert.

- **Verzweigung if/else**:

```
if(<Bedingung>){
      <Wenn die Bedingung (als Frage formuliert) mit JA
beantwortet wurde, passiert, was hier steht>
}
else{
       <Wenn die Bedingung mit NEIN beantwortet wurde, passiert,
was hier steht>
}
```

▶ In C ist eine Bedingung falsch, wenn die Bedingung in den runden Klammern 0 ergibt, ansonsten wahr.

- **Schleife while**:

```
while(<Frage>){
    <Wenn Frage mit JA beantwortet wurde, passiert, was hier steht>
}
```

Bemerkung: Man spart sich viele Nerven, wenn man sich angewöhnt, *immer* geschweifte Klammern in Konstrukten zu benutzen.

- **Verzweigung switch:**

```
switch(meingeld){
    case 10:
        klausgeborgt = klausgeborgt + 5;
        meingeld = meingeld - 5;
        break;
    case 20:
        klausgeborgt = klausgeborgt + 10;
        meingeld = meingeld - 10;
        break;
    case 30:
        klausgeborgt = klausgeborgt + 20;
        meingeld = meingeld - 20;
        break;
    default:
        printf ("Ich habe leider gerade kein Geld!");
}
```

Bemerkung: Vergisst man break, passiert höchstwahrscheinlich etwas anderes, als man beabsichtigte: das sogenannte break through. Switch geht nur für Datentypen char und int.

- **Schleife for:**

```
for(<Anfangszustand>;<Bedingung>;<Iterationsausdruck>){
    Ausdruck;
}
```

Deklaration und Initialisierung
Man muss dem Rechner sagen, was alle Variablen bedeuten, wie z. B. ganze Zahlen, Kommazahlen, Zeichen, Felder (hintereinander liegender statischer Speicher vom gleichen Datentyp), Zeiger (Adresse eines Speicherplatzes), Strukturen (Datentyp, der verschiedene Datentypen unter einem Namen zusammenfasst).

Immer gilt:

- Das Komma in Kommazahlen ist bei der Programmierung der Punkt.
- Felder beginnen immer beim Index 0. In den eckigen Klammern steht bei der Deklaration von Feldern immer die Länge.
- Zeiger müssen initialisiert werden, d. h. auf einen Speicherplatz zeigen, der vom Betriebssystem festgelegt wurde.
- Es ist empfehlenswert, Startwerte auf die Variablen zu schreiben. Dies nennt man Variableninitialisierung.
- Zeichen (char) werden in einfachen Hochkommas eingefasst.
- Nach jeder Anweisung steht ein Semikolon.
- Groß- und Kleinschreibung spielt eine Rolle.
- Dynamischer Speicher (Speicher, der während der Laufzeit eines Programms änderbar ist) kann mit malloc aus der Bibliothek stdlib.h angefordert werden.

Ausgabe
Mithilfe der C-Funktion printf aus der Bibliothek stdio.h (die vorher mit include eingefügt werden muss), z. B.

```
int a=0;
double x=2.5;
printf("Ausgabe: %i\n", a);
printf("Ausgabe: %lf\n", x);
printf("Ausgabe von a: %i\n, Ausgabe von x: %lf", a,x);
```

Eingabe
Mithilfe der C-Funktion scanf aus der Bibliothek stdio.h:

```
int a=0;
double x=2.5;
printf("Eingabe einer ganzen Zahl auf Variable a:");
scanf("%i", &a);
printf("Eingabe einer Kommazahl auf Variable x:");
scanf("%lf", &x);
```

Operatoren in C

In Tab. 1 sind noch mal die wichtigsten Operatoren in C zusammengefasst:

Schlüsselwörter in C

In Tab. 2 sind typische Schlüsselwörter in C zusammengefasst:

Tab. 1 Wichtigste Operatoren in C

Operation	Bezeichnung
!	Nicht
&&	Und
&	Adressoperator
||	Oder
=	Zuweisung
++	Inkrementoperator, z. B: i++ entspricht i=i+1
+	Summe
-	Differenz
*	Produkt, Inhaltsoperator in Bezug auf Zeigern
/	Quotient
%	Divisionsrest (modulo)
==	Gleich
!=	Ungleich
<, <=	Kleiner, kleiner gleich
>, >=	Größer, größer gleich
//, /*…*/	Kommentare

Tab. 2 Wichtige Schlüsselwörter in C

Schlüsselwort	Bedeutung
int	Datentyp für ganze Zahlen
double, float	Datentyp für Gleitkommazahlen
char	Datentyp für Zeichen
return	Rückgabeanweisung
void	Leerer Rückgabewert einer Funktion
include	Einfügen von Bibliotheken
switch/case	Fallunterscheidungskonstrukt für int und char
for	Schleife
while	Schleife
if/else	Verzweigung
struct	Definition von Strukturen

Funktionen
Funktion werden in C wie folgt definiert:

```
<Datentyp des Rückgabewertes><Name der Funktion>(<Liste
 der Eingabewerte mit Datentypangabe und mit
 Komma getrennt>){
 //Definition lokaler Variablen
 ...
 //Definition der Funktion
 ...
 return <Rückgabewert>;
}
```

Tipps
- Immer gute Kommentare schreiben
- Unterschied zwischen = (Zuweisung) und == (Vergleich) beachten
- Variablennamen aussagekräftig wählen

Stichwortverzeichnis

A
Absturz 90
Adresse 88
Adressoperator 97
Algorithmisches Denken 14
Algorithmus 2, 14, 15, 35
Anfängerfehler 56
Anforderungsermittlung 144
Anweisung 20, 28
ASCII-Codierung 132
ASCII-Format 32
Asymmetrisches
 Verschlüsselungsverfahren 135
Aufwand 117, 123
Aufwandsfunktion 122
Automat 8

B
B84-Protokoll 138
Bedingung 47
Berechenbarkeit 10, 117
Berechenbarkeitstheorie 5
Binäre Suche 37
Binärzahlen 32
Bitfeld 107
Blackboxmodell 164
Bubblesort 2

C
Call by Reference 91
Call-by-Value-Aufruf 91
Casting 25
CF 9
Charakterzug 14
Chiffriermaschine 131
Chomsky 8

Chomsky-Hierarchie 9
Church-Turing-These 10
Compiler 17
CS 9

D
Darstellung ganzer Zahlen 32
Datentyp 24
Deklaration 27
DevOps 157
Dijkstra-Algorithmus 38
Dokumentation 147
Dreifarbenproblem 4
Dynamische Speicheranforderung 111

E
Effizienter Algorithmus 9, 118, 121
Einwegfunktion 134
Elementardaten 23
Endlicher Automat 9
Entscheidbarkeit 10
Entscheidungsbaum 162
Entscheidungsproblem 8
Entwurf 145

F
Faktorisierungsproblem 135
Fakultät 65
Feldübergabe 87
Fibonaccizahlen 119
Flussdiagramm 48
free 113
Funktion 59
Funktionsaufruf 28

G
Ganze Zahl 23
Garbage Collection 115
Grammatik 7

H
Halteproblem 10, 126
Hauptprogramm 20
Hexadezimalsystem 32

I
Ineffizient lösbares Problem 118
Inhaltsoperator 97
Initialisierung 27
Integrationstest 150
Intelligenz 167

K
Kellerautomat 9
Kerckhoff'sches Prinzip 130
Klasse 103
Kofferpacken 2
Kommazahl 23, 33
Kommentar 27
Komplexität 120, 124
Komplexitätstheorie 5, 121
Komponententest 149
Kontrollstruktur 41
Korrektheit eines Algorithmus 38
Kryptografie 5, 129

L
Lastenheft 145
Laufzeit 121
Lokale Variable 63

M
Malloc 111
Maschinelles Lernen 162

N
Neuron 164
NULL 112

O
O-Notation 123

P
Paarprogrammierung 154
Pfeiloperator 103
Pflichtenheft 145
Photonenpaar 140
P/NP-Problem 125, 126
Pointer 87
Post'sches Korrespondenzproblem 126
Problem 7
Programmieren 13
Programmiersprache 9, 16
Projektmanagement 151
Protokoll 140
Prototyp 145
Punktoperator 103

Q
Qualitätskriterium 148
Quant 138
Quantenkryptografie 138
Quantenkryptografiesystem 140
Quicksort 2, 35, 36

R
RE 9
realloc 113
Refactoring 154
REG 9
Rekursive Funktion 64
Robustheit 38
RSA 135
Rundreise 3, 8

S
Schaltnetz 34
Schaltwerk 34
Schleife 45
Schlüsseleinigung 133
Schlüsselwort 20
Schlüsselwörter 28
Schwache KI 167

Scrum 155
Sequenzielle Suche 37
Sortieren 35
Sortieren durch Auswählen 35
Speichereinheit 32
Speicherleck 114
Speichern 19
Spin 140
Sprache 7
Sprachklasse 9
Sprint 156
Stack 112
Starke KI 167
Substitution 131
Symmetrische Verschlüsselung 134
Systemtest 150

T
Tauschfunktion 88
Testfall 55, 149
Torvalds 13
Transposition 131
Turing 13
Turingmaschine 9

U
Übersetzungsprogramm 17
UML-Diagramm 146
Umrechnung 33

V
Variablennamen 24
Verschachtelter Programmcode 44
Verschlüsselung 129
Verzweigung 42

W
Whiteboxverfahren 165
WYSIWYG 18

Z
Zahlendarstellung 31
Zählschleife 46
Zeichen 23
Zeiger 87
Zuverlässigkeit 38
Zuweisung 19, 28

GPSR Compliance

The European Union's (EU) General Product Safety Regulation (GPSR) is a set of rules that requires consumer products to be safe and our obligations to ensure this.

If you have any concerns about our products, you can contact us on ProductSafety@springernature.com

In case Publisher is established outside the EU, the EU authorized representative is:

Springer Nature Customer Service Center GmbH
Europaplatz 3
69115 Heidelberg, Germany

Batch number: 09260742

Printed by Printforce, the Netherlands